지구를 위해 달려라
미래 에너지

내일의 공학 03
지구를 위해 달려라, 미래 에너지

초판 1쇄 펴낸날 2022년 11월 28일
초판 3쇄 펴낸날 2023년 4월 22일

글 정윤선
그림 박종호
펴낸이 홍지연

편집 홍소연 고영완 이태화 전희선 조어진 서경민
디자인 권수아 박태연 박해연
마케팅 강점원 최은 신종연 김신애
경영지원 정상희 곽해림

펴낸곳 (주)우리학교
출판등록 제313-2009-26호(2009년 1월 5일)
주소 04029 서울시 마포구 동교로12안길 8
전화 02-6012-6094
팩스 02-6012-6092
홈페이지 www.woorischool.co.kr
이메일 woorischool@naver.com

ⓒ 정윤선, 2022
ISBN 979-11-6755-082-8 (73560)

- 책값은 뒤표지에 적혀 있습니다.
- 잘못된 책은 구입한 곳에서 바꾸어 드립니다.
- 사진 저작권
  49쪽 ⓒ셔터스톡
  71, 89, 114쪽 ⓒ헬로아카이브
- 이 책은 산업통상자원부의 지원을 받아 NAEK한국공학한림원과 (주)우리학교가 발간합니다.

만든 사람들
편집 탁산화
아트디렉팅 studio Marzan **디자인** 이든디자인

내일의 공학 ③

지구를 위해 달려라
미래 에너지

정윤선 글 ◆ 박종호 그림

우리학교

머리말

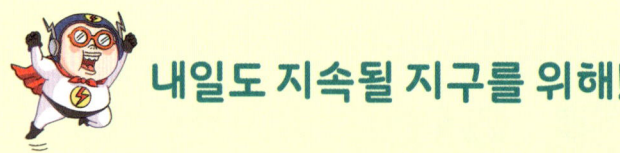 내일도 지속될 지구를 위해!

도로 위를 달리는 자동차를 보다 보면 파란색 번호판을 단 자동차들이 있어요. 전기 자동차나 수소 연료 전지 자동차예요. 아직 전기로 가는 자동차보다 석유로 생산한 휘발유나 경유로 움직이는 자동차가 더 많지만, 전기 자동차도 점점 늘고 있어요. 유럽에서는 2035년부터 휘발유나 경유를 이용하는 차를 더 이상 생산하고 판매할 수 없다고 하니, 머지않아 전기 자동차의 세상이 될 거예요.

달라지는 것은 자동차뿐이 아니에요. 사람들은 태양 빛이나 바람을 점점 더 많이 이용하고 있어요. 눈에 보이지 않을 만큼 작지만 어마어마한 힘을 가지고 있는 원자핵을 이용하기도 하지요. 혹시 무슨 이야기를 하려고 하는지 눈치챘나요? 맞아요, 에너지 이야기예요.

인류는 100년 넘게 사용해 온 화석 에너지를 대신할 에너지를 찾기 위해 온갖 노력을 기울이고 있어요. 바로 지구에 닥친 위기 때문이에요. 지금 지구에 닥친 위기는 인류가 사용하는 에너지와 아주 크게 관련되어 있거든요.

그런데 지구에 어떤 위기가 닥쳤는지, 왜 에너지가 문제인지, 도대체 에너지가 무엇인지 아직 잘 모르는 어린이도 많을 거예요.

그렇다면 에너지가 무엇인지, 에너지가 왜 인류에게 중요한지부터 이야기를 시작해야 해요. 그런 다음, 지구에 어떤 위기가, 왜 닥쳤는지 살펴봐야 하지요. 그러면 우리가 왜 전기 자동차를 타고 새로운 에너지를 개발해야 하는지 이해할 수 있을 거예요.

처음 인류가 화석 연료의 에너지를 이용하기 시작한 것이 공학자들의 빛나는 연구 덕분이었듯, 앞으로 지구에 닥친 위기를 극복하고 에너지 문제를 해결하는 데에도 공학의 힘이 필요해요. 지구에 닥친 위기를 극복하기 위해 에너지를 연구하고 에너지를 아껴 쓸 수 있는 다양한 방법을 찾는 공학 분야를 '에너지공학'이라고 해요.

한 장 한 장 이 책의 책장을 넘기다 보면, 어린이 여러분은 어느덧 지구를 위한 에너지를 고민하는 에너지 공학특공대가 되어 있을 거예요. 그리고 내일도 지속될 지구에 한발 가까워져 있을 거예요.

정윤선

목차

1. 에너지, 에너지가 문제야

블랙아웃, 대정전이 온다면 ◆ 9
에너지가 필요해 ◆ 12
도대체 에너지가 뭘까? ◆ 15
전기는 어떻게 만들까? ◆ 17
어디서 가장 많은 전기를 만들까? ◆ 19
여기서 잠깐! ◆ 21
점점 뜨거워지는 지구, 범인은 누구? ◆ 23
화석 연료, 왜 문제일까? ◆ 25
탄소 줄이기, 공학의 힘으로! ◆ 28

환경 탐정 뀨와 공학특공대 ◆ 30
더 나은 에너지를 찾아라!

2. 지구를 살리는 에너지를 찾아라

대체 에너지를 찾아서 ◆ 33
핵의 힘을 이용해! ◆ 34
소형 모듈 원자로 ◆ 39
연료를 바꿔 더 안전하게, 토륨 원자로 ◆ 42
자연의 에너지를 이용해, 재생 에너지 ◆ 44
이글이글 태양 에너지 ◆ 46
바람이 불 때는 풍력 에너지 ◆ 51
바다의 에너지 ◆ 56
땅이 뜨끈뜨끈, 지열 에너지 ◆ 60
생물을 원료로, 바이오 에너지 ◆ 63
쓸모 있는 쓰레기, 폐기물 에너지 ◆ 67
흐르는 물의 힘으로, 수력 에너지 ◆ 70

환경 탐정 뀨와 공학특공대 ◆ 72
태양을 최대한 이용하라!

3. 똑똑하게 에너지를 소비해

알뜰하게, 에너지 절약 대작전 ◆ 75
똑똑한 전력망, 스마트 그리드 ◆ 77
에너지를 저장하라! ◆ 81
에너지 제로 하우스 ◆ 83
자투리 에너지까지, 에너지 하베스팅 ◆ 85

환경 탐정 뀨와 공학특공대 ◆ 88
에너지를 모아 쓰는 자동차를 찾아라!

4. 미래의 에너지를 소개합니다

새로운 형태의 신에너지 ◆ 91
버려지는 화석 연료도 다시 돌아보면 ◆ 92
수소 에너지 ◆ 95
연료 전지 ◆ 98
수소 자동차 vs 전기 자동차 ◆ 101

환경 탐정 뀨와 공학특공대 ◆ 102
그린 수소를 찾아라!

5. 지구를 위해 상상할 수 있는 모든 것

이 정도면 충분할까? ◆ 105
상상할 수 있는 모든 것 ◆ 106
실험실에 태양이 뜬다면 ◆ 109
내일도 지속 가능한 지구 ◆ 116

환경 탐정 뀨와 공학특공대 ◆ 118
태양을 만들수 있다면?

에너지, 에너지가 문제야

블랫아웃, 대정전이 온다면

지구 반대편에 있는 친구와도 클릭 한 번이면 연결되는 오늘날, 우리는 스마트폰이나 텔레비전, 컴퓨터를 쓰지 않고 과연 며칠이나 지낼 수 있을까요?

2003년 8월 14일, 미국 동북부의 여러 도시에서 대규모 정전 사태가 일어났어요. 통신사 기지국도 전기가 끊겨 일반 전화는 물론, 휴대 전화도 사용할 수 없었어요. 지하철은 운행하지 못해 서 있었고, 도로에 있는 모든 신호등이 꺼지는 바람에 차량 운행도 어려워져 한낮인데도 도시는 모두 멈추어 버렸지요.

그뿐만이 아니에요. 수돗물과 가스도 공급이 끊기고, 상점의 계산대 전원이 켜지지 않아 사람들은 물건을 살 수도 없었어요. 병원과 공장도 멈추고, 보안 시스템이 멈추어 버린 사이 약탈과 절도가 일어났어요. 공항과 발전소까지 멈추고 3일이 지난 다음에야 전기가 복구되었는데, 그 피해는 이루 말할 수 없었답니다.

이와 같은 대정전은 지금껏 세계 여러 곳에서 일어났어요. 그때마다 많은 사람이 피해를 입었지요. 1977년에 미국 뉴욕에서 대정전이 일어났을 때는 뉴욕 곳곳에서 약탈과 방화가 끊이지 않았어요. 2017년 대만에서는 태풍으로 송전탑이 무너져 대만 대부분 지역에서 전기가 끊겼지요. 2019년에 뉴욕에서 다시 대정전이 일어났는데 7만 3,000여 가구가 피해를 입었어요. 2021년에 미국 텍사스에서 한파와 폭설 때문에 대정전이 일어났을 때는 전기가 다시 들어오기 전까지 약 400만 명이 끔찍한 추위 속에서 떨어야 했지요.

대정전을 겪으며 사람들은 오늘날 우리가 사는 이 세상은 전기가 없으면 모든 것이 멈추어 버린다는 것을 확인했어요. 더 나아가 재난이 시작된다는 것도요.

우리가 사는 세상은 전기가 없으면 재난이 시작돼요.

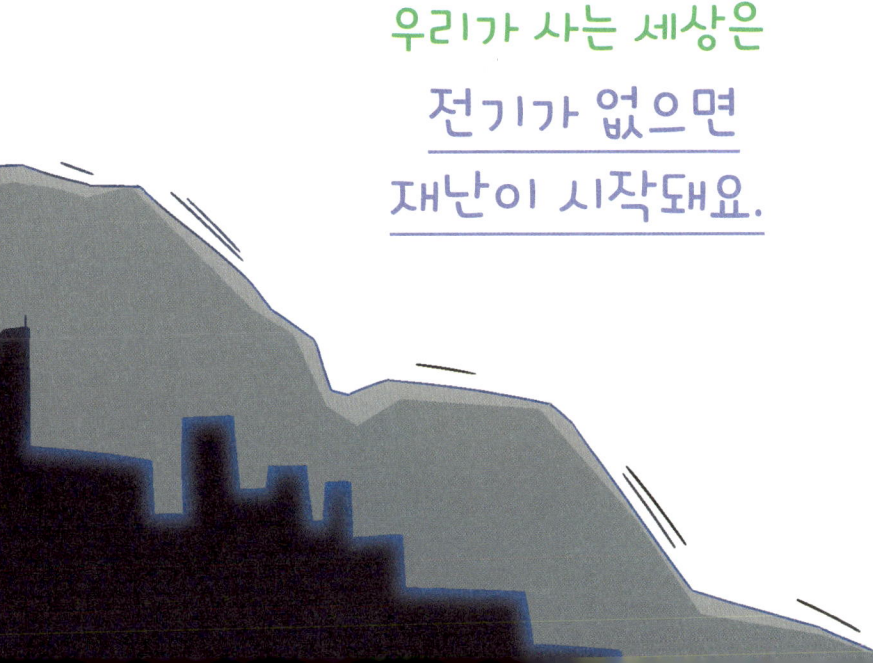

에너지가 필요해

앗, 뜨거워!

아주아주 오래전, 사람들은 우연히 불을 발견한 뒤로 불을 이용하기 시작했어요. 사냥한 고기를 불에 익혀 먹고, 체온을 따뜻하게 하면서 사람들은 더 건강하고, 오래 살게 되었지요. 또 불을 이용해 도구와 농기구를 만들어 쓰면서 더 큰 동물을 사냥할 수 있게 되었고, 농작물도 더 많이 수확했어요. 전보다 넉넉해진 사람들은 함께 사는 사회를 이루었지요.

시간이 더 흘러, 사람들은 물이 끓을 때 나오는 증기를 눈여겨보기 시작했어요. 누군가 연료를 태워 증기의 힘으로 움직이는 증기 기관을 발명했어요. 증기 기관으로 기계를 만들면서 공장에서 손쉽게 상품을 만들고, 증기 기관차와 증기선을 타고 먼 거리를 이동할 수 있게 되었어요. 그러다가 석유를 연료로 하는 자동차를 발명한 뒤부터는 더 많은 사람이 쉽게 만날 수 있게 되었지요.

인류가 이처럼 사회를 이루고 필요한 물자를 만들며 멀리 있는 사람과도 교류할 수 있었던 것은 바로 불, 석탄, 석유 같은 에너지 덕분이었어요.

물론 여기가 끝은 아니에요. 전기가 등장했거든요. 사람들은 전등으로 어둠을 환히 밝히고, 전화로 소식을 전했어요. 또 전기밥솥, 세탁기 등을 이용해 집안일을 하고, 전철을 타고 이동했어요. 텔레비전으로 지구 반대편에서 일어난 뉴스도 보았지요. 이렇게 세상이 좁아지고 인류가 점점 더 편리한 생활을 할 수 있었던 것은 전기 에너지 덕분이랍니다.

인류는 컴퓨터를 발명한 이후 더 크게 발전하고 있어요. 컴퓨터로 인터넷을 이용할 수 있게 되면서 더 많은 정보를 나누고, 더 많은 사람이 교류하고, 더 많은 일을 할 수 있게 되었지요.

이제 사람들은 생각하는 기계인 인공 지능 기술이 탑재된 똑똑한 휴대 전화를 가지고 다니고, 새로운 의료 기기로 질병을 극복하고, 우주선을 만들어 머나먼 우주로 탐사를 떠나요. 그 어느 때보다 발달한 문명을 꽃피우고 있어요.

그리고 계속해서 문명을 발달시키려면 점점 더 많은 에너지가 필요해요.

도대체 에너지가 뭘까?

'에너지(energy)'는 쉽게 말해 어떤 일을 하게 하는 능력을 말해요. 그리스어로 '일을 하는 능력'이라는 뜻의 '에네르기아(energia)'에서 시작된 말이지요. 축구공을 차거나, 음식을 익히거나, 수레를 끌고 자동차를 움직이거나, 전등으로 빛을 밝히거나, 컴퓨터를 작동시키려면 에너지가 필요해요.

처음에 인류는 사람이나 동물의 에너지로 일했어요. 맨손으로 근육을 움직여 사냥했고 소나 말로 수레를 끌었지요. 그러다가 나무, 석탄, 석유 같은 연료를 연소할 때 나오는 에너지를 이용하기 시작했어요. 이후 폭포에서 떨어지는 물의 에너지를 이용하거나 원자핵이 가지는 에너지를 이용하는 방법도 찾아냈어요.

그렇다면 에너지는 여러 곳에 있는 걸까요? 맞아요. 하지만 형태는 모두 다르답니다. 위치에 따라 갖게 되는 위치 에너지, 운동하는 물체가 가진 운동 에너지, 화학 물질이 가지는 화학 에너지, 빛이 가진 빛 에너지, 전기가 가진 전기 에너지, 뜨거운 물질이 가진 열에너지, 물질을 이루는 원자핵이 가진 핵에너지(원자력 에너지)처럼요.

사람들이 이처럼 다양한 형태의 에너지를 생활 곳곳에서 이용할 수 있는 것은 에너지가 다른 에너지로 바뀔 수 있기 때문이에요. 이를 '에너지 전환'이라고 해요.

높이뛰기를 생각해 보세요. 땅에서 달릴 때 우리는 운동 에너지를 가지지만 몸을 띄우는 순간 그 에너지는 위치 에너지로 전환돼요. 또 석탄이나 석유가 가진 화학 에너지는 연소하면서 빛 에너지와 열에너지로 전환되지요. 태양 빛이 가진 빛 에너지는 식물의 잎에서 광합성 작용을 통해 화학 에너지로 전환되고, 건전지에서는 물질이 가진 화학 에너지가 전기 에너지로 바뀌며 손전등을 거쳐 빛 에너지로 전환돼요.

> **연소**는 물질이 산소와 결합해 빛과 열을 내며 타는 현상을 말해요. 장작에 불을 붙이면 타는 것도 연소랍니다.

전기는 어떻게 만들까?

우리가 지금처럼 전자 기기와 컴퓨터를 바탕으로 편리한 생활을 누리며 찬란한 문화를 꽃피우려면 전기 에너지가 필요해요. 전기는 어떻게 만들까요? 힌트는 '에너지는 다른 에너지로 전환될 수 있다.'예요.

전기는 발전소에서 생산해요. 물, 화석 연료, 원자핵, 태양 등의 자연 에너지를 전기 에너지로 전환하지요.

발전소마다 조금씩 다르지만 보통 전기를 생산하는 '발전의 원리'는 같아요. 먼저 연료로 물을 끓여 증기를 만들어요. 그리고 증기나 다른 기체가 가진 에너지로 회전식 기계 장치인 터빈을 돌려요. 이때 만들어진 운동 에너지를 전환해 발전기에서 전기를 생산하지요.

발전기 안에는 코일과 자석이 들어 있어 '전자기 유도 현상'을 일으켜요. 전자기 유도 현상은 자기장이 변화할 때 전류가 흐르는 현상이에요. 터빈이 발전기의 코일을 회전시키면 자석 때문에 코일에 전류가 흘러 전기가 생산되지요.

수력 발전소: 댐을 쌓고 높은 곳에서 물을 떨어뜨려 물의 위치 에너지를 전기 에너지로 바꿔.

풍력 발전소: 바람의 운동 에너지를 전기 에너지로 바꿔.

화력 발전소: 화석 연료를 연소해 열에너지로 만들고 수증기로 터빈을 돌려 전기 에너지로 바꿔.

다양한 에너지가 있어!

태양광·태양열 발전소: 태양의 빛 에너지나 열에너지를 전기 에너지로 바꿔.

원자력 발전소: 원자로 안에서 원자의 핵에너지를 전기 에너지로 바꿔.

조력 발전소: 밀물과 썰물의 운동 에너지를 전기 에너지로 바꿔.

파력 발전소: 파도의 운동 에너지를 전기 에너지로 바꿔.

어디서 가장 많은 전기를 만들까?

현재 우리나라는 수력, 소수력, 양수, 화력, 원자력, 태양광, 풍력, 복합 발전소 등 여러 발전소에서 전기를 생산해요. 이 중에서 가장 많은 전기를 생산하는 곳은 어디일까요? 바로 화력 발전소랍니다.

화력 발전소에서는 석탄, 석유, 천연가스와 같은 화석 연료로 물을 끓여 만든 증기로 터빈을 돌려 전기를 생산해요. 화석 연료가 가진 화학 에너지를 전기 에너지로 전환하는 것이지요. 화력 발전은 크게 석탄과 석유를 태우는 기력 발전과 천연가스를 이용한 특수 발전으로 나뉘어요.

우리나라에서는 2020년 한 해 동안 석탄을 연료로 196,333기가와트시(GWh:전력량의 단위)의 전기 에너지를 생산했어요. 전체 발전량의 약 35.6퍼센트로, 가장 많은 전기를 생산했지요. 석유를 원료로 한 유류 발전량까지 합하면 화석 연료로 발전한 비율은 대략 36퍼센트 정도예요.

나머지는 원자력 발전소에서 약 29퍼센트를, 천연가스 발전소에서 약 26.4퍼센트를, 신재생 발전소에서 약 6.6퍼센트를, 수력 발전소에서 약 0.6퍼센트를 생산했지요.

자동차, 비행기, 배 등 오늘날 전 세계를 누비는 대부분의 교통 수단은 등유, 경유 등 석유에서 얻은 화석 에너지를 이용해요. 또 난방을 위해서도 석탄이나 석유, 천연가스 같은 화석 에너지를 많이 사용하지요.

2019년 전 세계 에너지 소비량을 보면 약 80.9퍼센트가 화석 에너지예요. 화석 에너지가 전 세계에 에너지를 가장 많이 공급했다는 이야기지요.

증기 기관이 발명되고 오늘날에 이르기까지 오랜 시간 동안 우리는 생활에 필요한 에너지의 상당한 부분을 화석 에너지에서 얻고 있는 거예요.

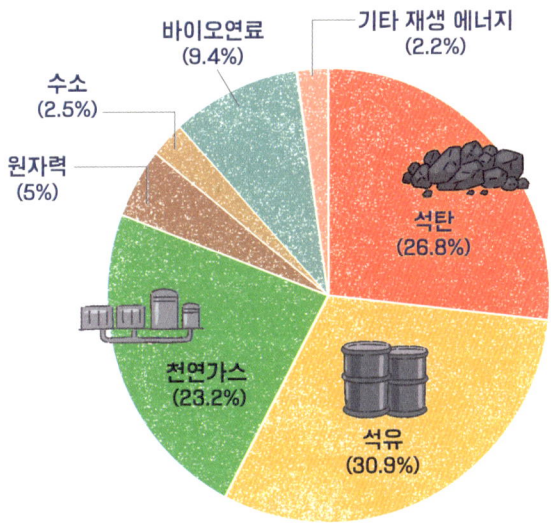

2019년 전 세계 에너지 공급량

여기서 잠깐!

지금까지 우리는 인류가 화석 에너지를 활용해 산업화와 정보화를 이루고 기술을 발전시켜 온 과정을 살펴보았어요. 이제 우리는 머지않아 인공 지능을 친구로 만들고 우주여행을 떠나는, 상상만 해도 신나는 내일을 앞두고 있어요.

그런데 여러분, 지금 우리는 잘하고 있는 걸까요?

잠깐 멈춰 주변을 둘러보아요. 꽁꽁 얼어 있어야 할 북극의 빙하가 녹고 있어요. 지구 한쪽에서는 전에 없던 폭우가 쏟아져 홍수가 났는데, 다른 쪽에서는 가뭄에 농작물이 말라요. 폭염이 기승을 부리다가 갑자기 눈보라가 치기도 해요. 관측 이래 최고의 무더위와 몇십 년 만에 오는 한파라는 뉴스가 이제 더는 낯설지 않아요. 지구에 심상치 않은 일들이 벌어지고 있는 거예요. 우리가 빠르게 발전하는 동안, 지구가 분명 달라지고 있어요.

지구의 변화로 많은 사람이 피해를 입고 있어요. 곳곳에서 동식물이 살 곳을 잃거나 멸종되고 있으며, 바이러스의 위기도 점점 잦아지고 있지요.

학자들은 지구의 종말을 향해 움직이는 '운명의 날' 시계가 이제 자정까지 100초밖에 남지 않았다고 해요. 이러다가 정말 지구가 멸망하는 것은 아닐까요? 인류가 편리한 생활을 누리는 동안 대체 무슨 일이 있었던 걸까요?

점점 뜨거워지는 지구, 범인은 누구?

해마다 지구의 기온이 조금씩 높아지고 있어요. 지금 우리는 과거 인류가 살던 그 어떤 시대보다 따뜻하게 살고 있어요.

지구의 기온이 높아지면 바닷물의 온도도 높아져요. 바닷물의 온도 변화로 엘니뇨와 라니냐 같은 이상 현상이 반복되고 전 세계에 태풍, 토네이도, 폭염, 한파, 홍수, 가뭄과 같은 이상 기후가 일어나요. 건조한 대기와 높은 온도로 산불이 발생하기도 하고요.

빙하가 녹아 해수면이 상승하는 것도 문제예요. 늘어난 바닷물에 투발루 같은 섬나라는 점점 물에 잠기고 있어요.

이처럼 지구가 점점 뜨거워지는 것을 '지구 온난화'라고 해요. 지구 온난화를 일으키는 주된 원인은 이산화 탄소예요. 이산화 탄소는 지구가 열을 우주 밖으로 내보내지 못하게 해요. 마치 유리 벽으로 둘러싸인 온실처럼요. 이산화 탄소뿐 아니라 메테인, 이산화 질소, 프레온, 오존 등의 기체도 지구를 온실처럼 뜨거워지게 만들어요. 이처럼 온실 효과를 일으키는 기체들을 '온실가스'라고 해요.

문제는 해마다 이산화 탄소 배출량이 계속 늘고 있다는 거예요. 2021년에도 전년도보다 6퍼센트 증가한 이산화 탄소가 배출되었지요. 물론 이산화 탄소는 인간을 포함한 생물들이 호흡할 때도 나와요. 여기서 중요한 것은 전체 이산화 탄소 배출량 중 석탄이 배출한 양이 40퍼센트가 넘는다는 거예요.

이산화 탄소 농도가 비정상적으로 늘어나기 시작한 것은 언제부터일까요? 바로 인류가 석탄을 태워 증기 기관으로 공장을 돌리고, 증기 기관차를 타고 다니면서부터예요. 거기에 석유를 연료로 하는 자동차와 비행기를 타고, 석탄이나 석유, 천연가스 등을 태워서 만든 전기로 편리한 세상을 유지하면서 이산화 탄소는 꾸준히 늘고 있지요. 그러니까 바로 화석 연료가 문제예요.

> **온실 효과**는 지구가 내보내는 태양 복사 에너지를 온실가스가 흡수해 대기가 더워지는 현상이에요.

화석 연료, 왜 문제일까?

'화석 연료에서 이산화 탄소가 배출된다.'

오랫동안 사용해 온 화석 연료를 계속 써도 되는지에 대한 고민은 여기에서부터 시작해요. 화석 연료의 이러한 성질이 점점 지구를 위협에 몰아넣고 있으니까요. 화석 연료의 가장 큰 문제는 온실가스를 배출해 지구 온난화를 일으킨다는 거예요. 지구 온난화로 이상 기후가 발생하고 생태계가 파괴되고 있어요.

화석 연료는 환경 오염도 일으켜요. 화석 연료가 연소할 때 질소 산화물을 배출하는데 이것은 인체에 해로운 미세먼지를 만들고, 산성비의 원인이 돼요. 지하에 묻힌 화석 연료를 채굴하는 과정에서 숲과 산이 파괴되고 물이 오염되기도 하고요.

화석 연료가 일부 지역에만 매장된 것도 문제예요. 화석 연료가 안정적으로 공급되지 않아 나라 간에 갈등이 일어나기도 하거든요. 예를 들어 석유를 생산하는 나라에 전쟁이 일어나거나 문제가 생기면 원유 공급에 차질이 생겨요. 그럼 석유 가격이 널뛰며 석유가 필요한 많은 나라가 어려움을 겪지요. 러시아와 우크라이나에 전쟁이 일어나 국제적으로 에너지 공급이 불안해진 것처럼요.

이 사실을 알고 원유를 생산하는 큰 기업들은 원유 가격으로 세계 여러 나라에 권력을 휘두르기도 해요. 그래서 전 세계적인 에너지 대란이 일어나기도 한답니다.

우리나라는 화석 연료가 거의 매장되어 있지 않아요. 석유가 나지 않을 뿐 아니라 석탄도 1980년대까지만 생산했어요. 현재 우리나라는 사용하는 화석 연료의 대부분을 수입하고 있어 에너지 권력에 영향을 받아요.

화석 연료는 우리가 쓸 수 있는 날이 수십 년 정도밖에 남아 있지 않아요. 생물이 죽어 화석 연료가 되는 데는 수억 년이 걸리기 때문에 지하 깊숙이 묻혀 있는 화석 연료를 다 쓰고 나면 다시 만들어 낼 수 없어요.

중요한 것은 그나마 남은 화석 연료를 모두 에너지로 써 버려서는 안 된다는 사실이에요. 화석 연료는 연료로만 쓰이는 게 아니에요. 석유에서 뽑아낸 물질로 우리가 살아가는 데 필요한 플라스틱, 섬유뿐 아니라 의약품도 만들거든요. 따라서 다음 세대가 쓸 화석 연료를 반드시 남겨 놓아야 해요.

탄소 줄이기, 공학의 힘으로!

지구의 위기에 맞서고자 세계 여러 나라가 머리를 맞대기 시작했어요. 답은 역시 하나, 온실가스를 줄이는 것이었지요.

하지만 몇몇 나라만 온실가스를 줄인다고 해서 문제가 해결되지는 않아요. 그래서 세계 대부분의 나라가 대표적인 온실가스인 탄소를 줄이기로 약속했어요. 나라마다 각자의 능력에 맞게 탄소를 얼마나 줄일지 정했지요.

목표는 지구의 평균 기온이 산업화가 일어나기 전보다 1.5도 이상 높아지지 않도록 하는 것이랍니다.

그렇다고 공장을 멈추고 컴퓨터와 자동차가 없던 시대로 되돌리기는 어려워요. 탄소 배출권 거래제처럼 탄소를 줄일 수 있는 제도를 시행하고, 가능한 한 에너지를 적게 쓰면서 화석 에너지를 대신할 에너지를 찾아야 하지요.

지구가 너무 뜨거워지기 전에 우리가 정말 해낼 수 있을까요?

걱정하지 말아요. 과학 기술로 준비된 공학자들이 있잖아요. 이제 공학의 힘을 빌려야 할 때예요!

환경 탐정 뀨와 공학특공대

더 나은 에너지를 찾아라!

옛날에는 불을 피워 가마솥에 밥을 했지만 이젠 가스레인지나 전기밥솥을 이용한다뀨. 촛불 대신 전등, 휘발유 차 대신 전기 차……. 열이 필요할 때도, 빛을 밝힐 때도, 바퀴를 돌릴 때도 전기를 쓴다뀨. 언제부터, 어떻게 전기를 쓰게 됐냐뀨? 전기가 궁금하다뀨!

전기를 지금처럼 사용하게 된 것은 백열전구를 발명한 에디슨이 뉴욕에 발전소를 세운 뒤부터입니닷. 1882년에 3,000여 개의 백열전구를 밝힐 정도의 전기를 만들었다고 합니닷!

그럼, 지금 우리가 전기를 쓰는 게 에디슨 덕분이냐뀨?

그건 아닙니닷! 전구가 발명되기 아주 오래전부터 많은 과학자가 전기와 자기 현상을 연구한 덕분입니닷! 에디슨이 전기로 작동하는 여러 전기 기기를 발명한 건 맞지만 결국 경쟁 끝에 발전소에서 전기를 만들어 공급한 것은 테슬라였습니닷.

그렇군. 그런데 왜 다들 많은 에너지 중에 전기 에너지를 사용하는 거냐뀨?

다른 에너지로 전환되기 가장 쉬운 것이 바로 전기 에너지이기 때문입니닷. 전기 에너지를 바꾸어 전등의 빛 에너지로 쓰고, 전기밥솥의 열에너지로 쓰고, 자동차의 운동 에너지로 쓸 수 있습니닷. 게다가 전기 에너지는 화석 연료를 직접 쓰는 것보다 탄소를 적게 배출합니닷!

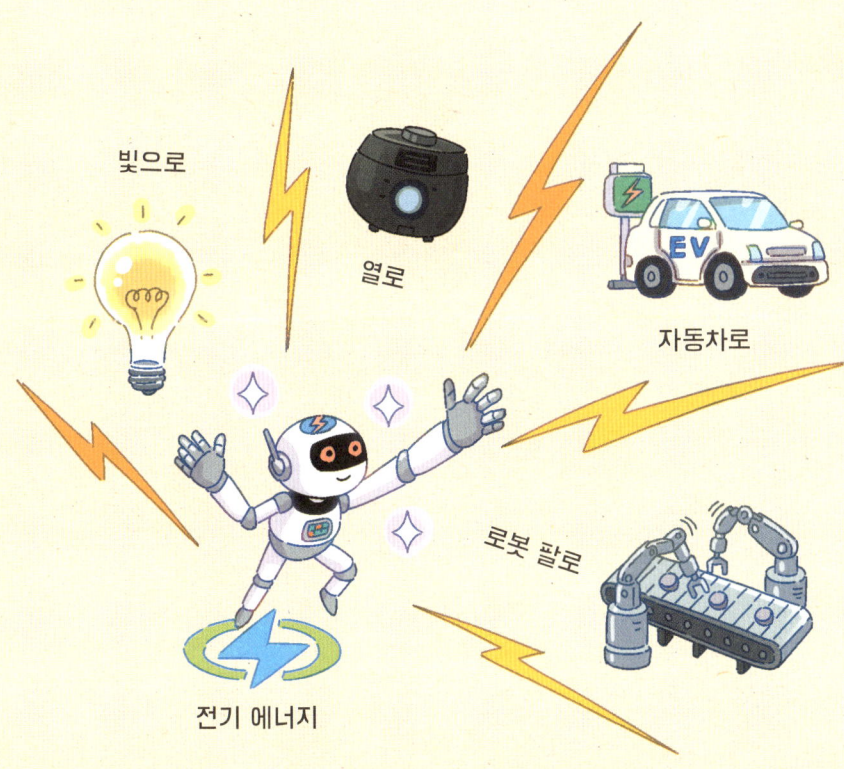

지구를 살리는 에너지를 찾아라

대체 에너지를 찾아서

문제점이 있다고 해서 화석 에너지를 사용하지 않을 수는 없어요. 대정전 사태처럼 모든 것이 멈추어 버릴 테니까요.

인류에게는 화석 에너지의 문제점을 해결할 수 있는 새로운 에너지가 필요해요. 지구 온난화와 환경 오염을 일으키지 않고 고갈될 염려가 없는 새로운 에너지 말이에요.

여러 과학자와 공학자가 오래전부터 화석 에너지를 대체할 에너지를 찾고 있었어요. 그렇게 찾은 첫 번째 에너지는 바로 원자핵의 힘을 이용하는 원자력 에너지였지요.

인류에게는
화석 에너지를 대신할
새로운 에너지가
필요해요.

핵의 힘을 이용해!

물질을 이루고 있는 입자인 원자의 핵은 큰 에너지를 가지고 있어요. 그런데 어떤 물질의 원자핵은 매우 불안정해서 원자핵이 분열되면서 조금 더 안정된 원자핵이 된답니다. 바로 우라늄이나 플루토늄 같은 방사성 물질 이야기예요.

방사성 물질은 핵이 분열할 때 큰 에너지를 방출해요. 이 에너지가 바로 핵에너지 또는 원자력 에너지예요. 원자력 에너지의 주 원료인 우라늄-235는 원자핵이 분열될 때 연쇄적으로 잇달아 분열되기 때문에 적은 양으로도 폭발적인 에너지를 내요.

원자력 에너지의 개발은 핵무기인 원자 폭탄과 관련이 있어요. 제2차 세계 대전 당시, 전쟁이 막바지로 치닫자 연합군은 일본의 두 도시, 히로시마와 나가사키에 원자 폭탄을 떨어뜨렸어요. 그 결과 히로시마에서 14만 명, 나가사키에서 4만 명이 죽고, 많은 사람이 오랫동안 고통받았어요. 이를 목격한 과학자들은 핵무기가 인류를 말살할 수 있겠다고 생각했어요. 그래서 핵에너지를 핵무기로 쓰기보다는 전기 에너지를 생산하는 데 쓰도록 원자력 발전소를 지었지요.

원자력 발전소에서는 방사성 물질인 핵연료가 핵분열할 때 나오는 에너지로 증기를 만들고, 이 증기로 터빈을 돌려 전기를 생산해요. 핵분열 때 나오는 중성자를 흡수할 수 있는 제어봉을 연료봉과 함께 냉각수에 담아 폭발적으로 일어나는 연쇄 반응을 제어하지요. 그러면 핵연료가 한 번에 폭발하지 않고 지속적으로 분열해 원자력 발전을 할 수 있답니다.

원자력 에너지는 핵분열의 연쇄 반응 덕분에 적은 연료로도 어마어마하게 큰 에너지를 낼 수 있어요. 1그램의 우라늄을 핵분열할 때 나오는 에너지가 석유 9드럼, 석탄 3톤을 연소할 때 나오는 에너지와 같다니 그 위력을 상상할 수 있을 거예요. 이처럼 비교적 적은 금액으로 엄청난 에너지를 만들 수 있다는 것이 원자력 발전의 가장 큰 장점이지요.

원자력 에너지를 이용하는 또 다른 이유는 화석 연료와 달리 온실가스를 배출하지 않기 때문이에요. 지구 온난화를 일으키지 않고, 환경 오염 물질도 배출하지 않지요. 이러한 이점 때문에 세계 여러 나라에서 원자력 발전소를 짓고 전기 에너지를 생산하기 시작했어요.

원자력 에너지는 화석 에너지 다음으로 많은 에너지를 공급하면서 화석 에너지를 대체할 에너지로 주목받았어요.

하지만 원자력 에너지에도 단점이 있었어요. 바로 방사능이에요. 방사능은 원자력 에너지를 만들 때 나오는 것으로, 인체가 방사능에 노출되면 유전자에 영향을 받아 암과 같은 큰 질병에 걸릴 수 있어요. 많이 노출되는 경우 단시간에 사망에 이를 수 있을 만큼 위험하지요.

실제로 1986년에 우크라이나 체르노빌에서 원자력 발전소 폭발 사고가 있었어요. 엄청나게 많은 양의 방사능이 누출되어 많은 사람이 죽고, 주변 생태계가 방사능에 오염되었어요. 수십 년 동안 아무도 들어가지 못하도록 인근 지역까지 봉쇄할 수밖에 없었지요. 죽음의 땅이 된 이곳에서는 아직도 고농도의 방사능이 검출되고 있어요.

2011년, 일본의 후쿠시마에서도 사고가 있었어요. 대지진의 영향으로 발생한 쓰나미 때문에 원자력 발전소가 침수되며 폭발을 일으킨 거예요. 이 사고로 어마어마한 양의 방사능이 누출되어 많은 사람이 큰 피해를 입었어요. 지금도 여전히 많은 양의 방사능이 누출되고 있을 뿐만 아니라 방사능에 오염된 물이 바다로 흘러가고 있지요.

대부분의 원자력 발전소는 안전하게 운영돼요. 하지만 일부 나라에서 발생한 몇 차례의 사고를 볼 때, 폭발적으로 일어나는 연쇄 반응의 큰 에너지와 방사능은 큰 위협이 돼요. 한 번의 실수나 사고로도 많은 생명이 죽고, 수십 년이 지나도 복구하기 어려운 죽음의 땅이 될 수 있으니까요.

핵폐기물도 문제예요. 원자력 에너지를 생산하고 난 폐연료와 폐기물도 수십 년 이상 방사능 물질을 내보내기 때문에 핵폐기물은 처리와 보관이 어려워요. 이를 아는 이상 누구도 자기가 사는 지역에 방사능이 누출될 수 있는 핵폐기물을 보관하고 싶지 않을 거예요.

이러한 위험성에도 불구하고 우리나라를 비롯한 세계 여러 나라는 원자력 발전소를 운영하고 있어요. 지구의 위기를 막기 위해 화석 에너지를 줄여야 하는데, 현재로서는 화석 에너지를 대체할 만큼 높은 효율의 에너지를 낼 수 있는 것이 바로 원자력 발전이기 때문이지요.

> **방사능**은 방사성 물질의 원자핵이 붕괴할 때 나오는 전자의 흐름 혹은 전자기파 같은 방사선을 배출하는 일을 말해요.

소형 모듈 원자로

공학자들은 효율이 좋은 원자력 에너지를 더 안전하게 사용할 수 있는 기술을 계속 개발하고 있어요. 그중 하나가 원자력 에너지의 위험성을 줄일 수 있는 소형 모듈 원자로(SMR)예요. 아파트 8층 높이 정도의 작은 원자로지만 주목할 것은 처음부터 '안전'을 목적으로 설계했다는 점이에요.

기존의 원자로는 원전이 정지되었을 때 바로 핵분열을 멈추지 못해요. 앞에서 예를 들었던 우라늄-235의 경우, 모두 안정된 원소가 될 때까지 연쇄 반응이 계속 일어나요. 그 과정에서 엄청난 열이 방출되고, 이 열로 핵연료가 녹아내리는 위험한 일이 발생하기 때문에 냉각수를 계속 순환시켜 열을 식혀 줘야 하지요.

원자로를 정지시킨 후에도 핵분열이 지속되어 열이 방출되는 것 자체를 막을 수 없다면 처음부터 핵연료의 양을 적게 하면 어떨까요? 핵분열이 오래 지속되지 않을 것이고 열도 적게 방출될 거예요. 장작을 많이 태우면 불이 오래 지속되지만, 한 개비만 태우면 불이 금방 사그라드는 것처럼 말이에요.

'SMART'는 이러한 원리가 적용된 세계 최초의 소형 모듈 원자로예요. 우리나라 한국원자력연구원에서 연구 중이지요. SMART는 기존 원자로와 달리 필요한 모든 장치를 한 원자로 안에 담았어요. 여러 장치가 따로 연결되면 방사능이 누출될 수 있는 부위가 더 많아지므로 보다 안전하게 설계한 거예요.

소형 모듈 원자로는 기존 원자로에 비해 생산할 수 있는 전기 에너지의 양이 적어요. 약 10분의 1 수준이지요. 대신 냉각수와 콘크리트 외벽을 제거할 수 있어 원자력 발전소의 규모가 작아지기 때문에 전기 에너지를 많이 사용하는 도심 근처에 세울 수 있다는 장점이 있답니다.

하지만 아직은 설치 비용이 많이 들고, 화력 발전소에 비해 발전 규모가 부족하다는 것이 단점이에요. 또 핵폐기물 문제는 기존의 원자로와 마찬가지로 해결되지 않았어요. 수십 년 이상 보관될 핵폐기물을 안전하게 처리할 방법이 필요해요.

아직 사용되기 전이지만, 소형 모듈 원자로가 화석 에너지를 대신할 안전한 에너지를 만들어 내길 세계 여러 나라가 기대하고 있어요.

스마트 원자로는 인구 10만 명 중소 도시에 필요한 전기와 깨끗한 물을 생산하는 다목적 원자로야!
SMART
이렇게 작아질 수도 있다고?

연료를 바꿔 더 안전하게, 토륨 원자로

원자핵은 막대한 에너지를 가지고 있어요. 그냥 두기에는 아까워요. 하지만 원자력 발전의 주 원료인 우라늄의 안전성이 걱정된다면? 우라늄보다 느리게 붕괴하는 토륨을 쓰면 돼요.

우라늄은 핵분열 때 나오는 중성자 때문에 연쇄적으로 폭발하며 반응이 일어나요. 같은 방사성 원소지만 토륨은 핵분열 때 연쇄반응을 일으키지 않아요. 토륨 원자로에서는 핵분열을 돕는 중성자를 따로 공급해 줘야 할 정도지요. 처음에 원자력 에너지를 개발할 때 토륨 대신 우라늄을 쓴 것도 토륨은 반응이 많이 일어나지 않아서였어요.

하지만 반응이 느리고 폭발적인 반응이 일어나지 않는다는 것은 그만큼 더 안전하다는 뜻이에요. 과학자들의 오랜 노력 끝에 1955년 유럽입자물리연구소에서 마침내 토륨을 이용해 적절한 반응을 일으키는 방법을 찾았어요.

토륨 원자로는 냉각수가 필요 없고, 우라늄 원자로보다 작아질 수 있어요. 또 우라늄과 달리 토륨은 연료로 모두 사용할 수 있어서 방사능이 많이 나오는 폐기물이 남지 않아요.

무엇보다 토륨은 바닷가 모래에도 풍부하고, 매장량이 우라늄보다 4배 정도 많아요. 세계 여러 나라에서 산출되어 구하기도 쉽지요.

하지만 토륨 원전에도 문제점은 있어요. 우라늄보다 적은 에너지를 내기 때문에 에너지를 많이 만들어야 하는데 그 과정에서 또 방사성 원소가 만들어지거든요.

토륨 원자로를 사용하려면 아직은 조금 더 기다려야 해요. 그동안 토륨 원자로가 화석 에너지를 대신할 새로운 해법이 될 수 있을지 잘 지켜봐야겠지요?

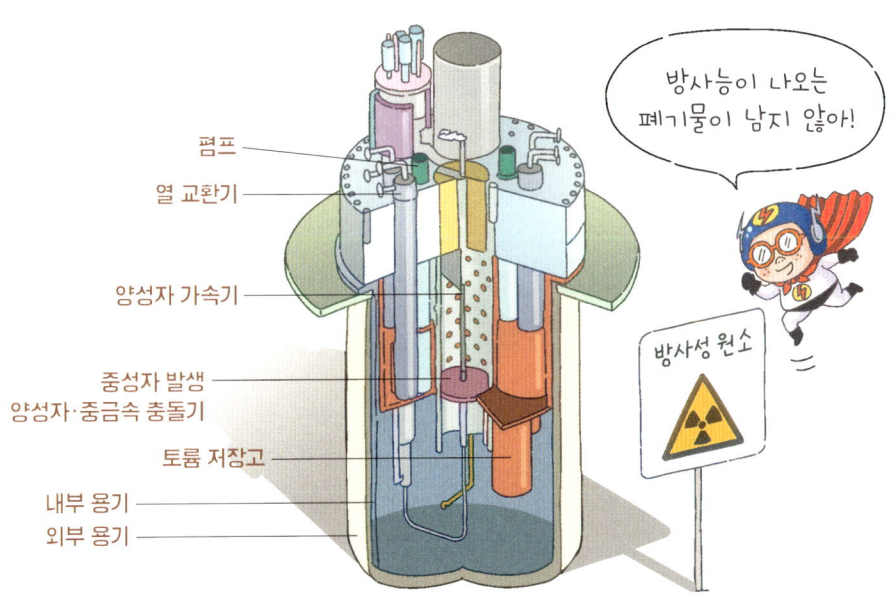

자연의 에너지를 이용해, 재생 에너지

신화 속에 등장하는 신들이 바람의 힘, 땅의 힘, 물의 힘을 이용하듯 우리도 자연에 깃든 에너지를 그대로 이용할 수 있다면 얼마나 좋을까요? 그런데 현실에서도 이런 일을 해내는 사람들이 있답니다. 바로 공학자예요.

공학자들은 자연에서 화석 에너지를 대신할 에너지를 찾았어요. 바로 태양, 물, 지열, 강수, 생물 유기체 등 자연의 에너지에서 재생할 수 있는 에너지를 변환해 사용하는 재생 에너지랍니다.

우리나라는 아직 재생 에너지의 생산량이 많지 않아요. 2020년을 기준으로 우리나라에서 생산한 전기 에너지의 6.4퍼센트만을 재생 에너지로 생산했지요. 화석 에너지나 원자력 에너지에 비해 적은 양이지만, 2017년에 3.6퍼센트를 생산했던 것에 비하면 생산량이 점점 늘고 있다는 것을 알 수 있어요. 우리와 비교하면 유럽의 여러 나라는 이보다 많은 양의 에너지를 재생 에너지로 생산하고 있지요.

2020년 독일·스웨덴·네덜란드 전력 생산량

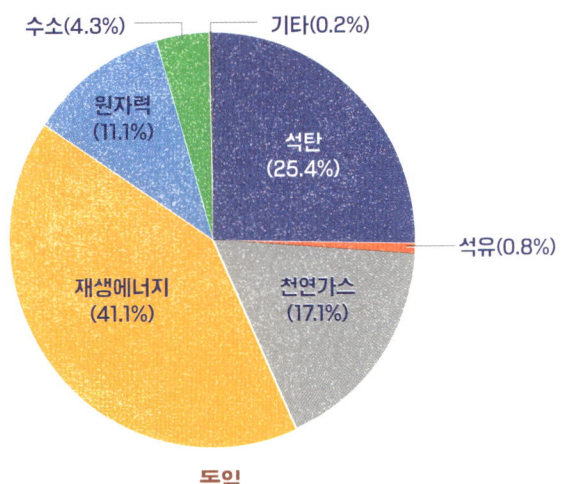

독일

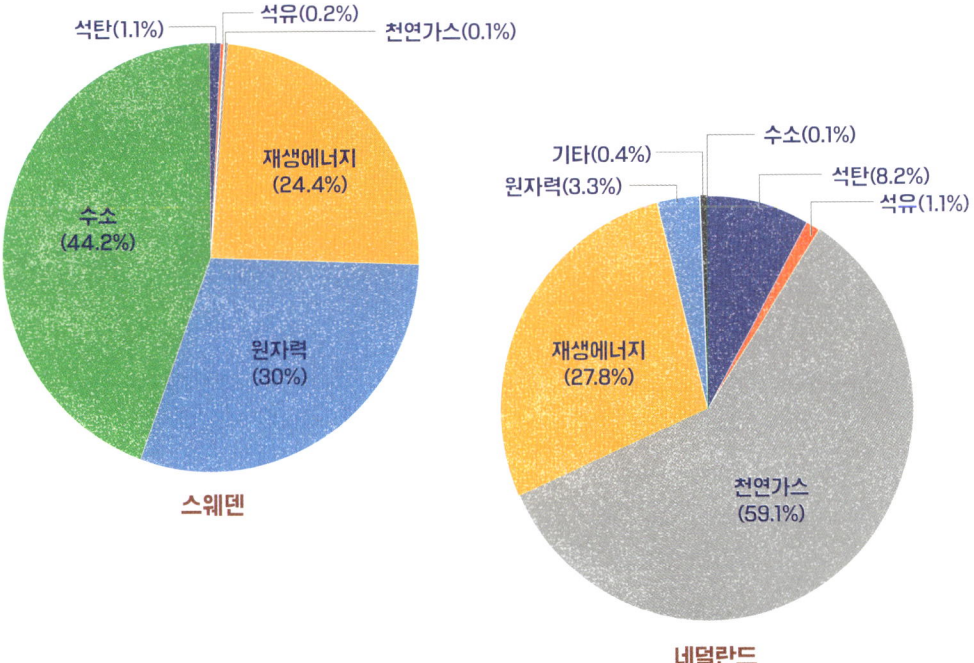

스웨덴

네덜란드

이글이글 태양 에너지

돋보기로 태양 빛을 모아 하얀 종이에 비추면 어떻게 될까요? 연기가 나고 불이 붙어요. 이것은 태양으로부터 오는 빛이 가진 에너지, 즉 태양광 에너지를 눈으로 볼 수 있는 예이지요.

태양은 우리가 기억하는 모든 시간 동안 이글이글 타올랐어요. 그리고 지금도 타고 있지요. 태양의 표면은 수소로 이루어져 있는데, 수소의 원자핵끼리 융합해 헬륨 원자핵이 되면서 어마어마하게 큰 에너지를 내고 있어요.

태양의 에너지는 복사 에너지(열)와 빛 에너지의 형태로 지구에 전달돼요. 그리고 지구 생물이 살아가는 데 필요한 에너지의 근원이 되고 있어요. 태양의 복사 에너지 덕분에 생물이 살기에 적합한 온도를 유지할 수 있고, 빛 에너지 덕분에 식물이 광합성 작용을 해 영양분을 만들 수 있지요.

중요한 것은 태양이 앞으로 적어도 50억 년 동안은 꺼지지 않고 활활 타오른다는 거예요. 이런 무궁무진한 태양의 에너지를 이용할 방법을 찾아야겠지요?

우리가 태양광 에너지를 이용할 수 있게 된 것은 아인슈타인 덕분이에요. 아인슈타인은 금속판에 태양 빛을 쪼이면 전자가 나와 전기를 흐르게 하는 성질이 있다는 것을 밝혔어요. 이를 이용해 반도체로 태양 전지를 만들면 태양의 빛 에너지를 전기 에너지로 전환할 수 있어요. 주택의 지붕이나 건물 벽면에 설치된 검은색 태양광 패널을 본 적 있지요? 그게 바로 태양 전지예요.

태양광 에너지는 무궁무진한 태양의 에너지를 이용하기 때문에 자원 고갈의 염려가 없어요. 지구 온난화나 환경 오염도 일으키지 않는 청정 에너지지요. 또 장치가 간단해서 유지하거나 수리하기도 편리하답니다.

하지만 단점도 있어요. 태양은 낮 동안만 비추고, 날씨나 계절에 따라 빛이 들어오는 양이 달라지기 때문에 에너지를 이용할 수 있는 시간이 제한되어 있어요. 에너지 효율이 높지 않다는 이야기예요. 현재 태양광 발전에 주로 사용되는 실리콘 태양 전지로는 받아들이는 햇빛의 약 20퍼센트 정도만 전기 에너지로 만들 수 있어요. 물론 식물이 광합성할 때 태양 에너지의 약 6퍼센트 정도만 영양분으로 만들어 내는 것에 비하면 많은 양이지만요.

태양 빛을 받아들이는 넓은 패널도 문제예요. 설치하는 데 넓은 공간이 필요하고 처음에 설치 비용이 많이 들거든요. 태양 전지에서 반사되는 빛이 주변 축사나 민가에 피해를 주기도 하고요.

게다가 검은색 패널은 보기에도 좋지 않아요. 다행히 이 단점은 공학자들이 힘을 쓴 덕에 개선할 방법을 찾았어요. 마치 오래된 성당의 스테인드글라스처럼 알록달록 아름다운 태양광 패널을 개발한 거예요.

인도의 IMI 빌딩과 스위스의 테크컨벤션센터는 건물 바깥쪽 부분에 아름다운 색채의 유리가 붙어 있어요. 그런데 이 유리는 그냥 유리가 아니라 알록달록 아름다운 색을 내는 태양광 패널이라는 사실! 건물을 지을 때 패널을 건물에 끼우기만 하면 되어서 설치도 편리한 데다 태양 빛이 내리쬐기만 하면 건물 스스로 전기를 만들어 낸답니다.

건물 스스로 전기를 만들어 내는 스위스 테크컨벤션센터의 모습

태양광 에너지를 이용하기 위한 공학자들의 노력은 지구 곳곳에서 계속되고 있어요. 현재 우리나라에서 생산하는 전기의 0.11퍼센트 정도를 태양 에너지가 만들어 내요. 그 양은 해마다 늘고 있지요. 뜨거운 태양이 내리쬐는 라틴아메리카의 사막에서는 700만 제곱미터가 넘는 대규모 태양광 발전소가 운영될 예정이에요. 이와 함께 태양 전지의 효율을 높이고 태양광 패널의 가격을 낮출 수 있는 페로브스카이트 같은 신소재도 개발되고 있답니다.

태양의 에너지를 이용하는 또 다른 방법으로 열에너지를 이용하는 방법이 있어요. 태양으로부터 오는 태양 복사 에너지를 열에너지로 전환해 저장하거나, 태양열 에너지로 만든 증기로 터빈을 돌려 전기 에너지를 생산하는 방법이지요.

이렇게 생산한 열에너지나 전기 에너지는 건물의 난방이나 온수를 만들어 내는 데 이용할 수 있어요. 유럽에서는 여름에 남는 태양열을 저장했다가 겨울에 사용하는 기술을 개발하고 있어요. 하지만 태양열 에너지는 효율이 매우 낮고 무지갯빛으로 다양한 스펙트럼을 가지기 때문에 효율성을 높이려면 수준 높은 기술이 필요하지요.

바람이 불 때는 풍력 에너지

풍차 하면 떠오르는 곳은?

맞아요. 바로 네덜란드예요. 육지가 바다보다 낮은 네덜란드에서는 육지로 차오르는 물을 퍼 올리기 위해 풍차를 이용했어요. 바람에 풍차가 돌아갈 때 생기는 운동 에너지를 물을 푸는 기계적 에너지로 전환한 거예요.

오래전부터 바람의 에너지를 이용해 온 네덜란드에는 풍력 발전 시설이 많답니다. 2017년부터는 네덜란드의 모든 기차가 풍력 발전으로 생산된 전기로만 운행되고 있지요.

기차를 이용해 풍력 에너지를 만드는 경우도 있어요. 대만에서는 고속 열차가 쌩쌩 달릴 때 선로 주변에 부는 바람을 이용해 전기를 생산하는 T-BOX를 설치했어요. 우리나라에서도 고속 열차 주변에서 부는 바람을 이용해 전기를 생산해 기차를 움직이는 방법을 연구 중이랍니다.

강원도 산지나 제주도 해안가에서 커다란 프로펠러를 본 적 있을 거예요. 바로 풍력 발전기예요. 바람이 프로펠러를 돌리면, 프로펠러의 운동 에너지가 발전기에서 전기 에너지로 전환되며 전기를 생산해요.

바람은 대기 중의 공기가 이동하는 움직임을 말해요. 태양열로 땅이 데워질 때 어떤 곳은 온도가 더 올라가고 어떤 곳은 덜 올라가요. 기온이 올라간 곳은 기압이 낮아지고 기온이 낮아진 곳은 기압이 올라가지요. 이러한 기압 차이 때문에 공기가 이동하는 대류 현상이 일어나면서 바람이 불어요.

보통 지상으로부터 10미터 높이 이상에서는 바람이 한 방향으로 세게 불어요. 그래서 풍력 발전을 할 때는 10미터 이상의 높이에 프로펠러를 설치하지요. 우리나라에서는 바람이 세게 부는 해안가나 태백산, 소백산, 지리산, 대관령 등 높은 산지에 풍력 발전기를 설치해요.

풍력 에너지는 지구 온난화와 환경 오염을 일으키지 않는 청정에너지예요. 바람이 부는 곳이라면 어디든 발전기를 설치할 수 있고 설비도 비교적 간단하지요.

하지만 에너지를 한 번에 많이 만들어 내지 못해 효율이 낮고 지형과 계절, 태양 빛에 영향을 받는다는 단점이 있어요. 또 처음에 설치 비용이 많이 들고, 커다란 풍력 발전기 날개의 소음이 주변에 영향을 주는 것도 문제예요.

또 하나, 지나가는 새나 곤충들이 발전기 날개에 부딪혀 목숨을 잃는 일이 많다고 해요. 미국에서 조사한 바에 따르면 2015년에만 약 30만 마리의 새들이 사고를 당했어요. 풍력 발전이 새들의 수를 줄어들게 한다는 주장이 나올 정도였지요.

하지만 이 또한 공학으로 해결할 수 있었어요. 노르웨이 국립 자연연구소에서는 풍력 발전기 날개에 새들이 구별할 수 있는 색을 칠하기만 해도 새들이 피해 간다는 사실을 알아냈어요. 실제로 풍력 발전기 날개를 검은색으로 칠했더니 조류 충돌 사고가 약 70퍼센트나 줄었지요.

풍력 발전의 비율은 점점 증가하고 있어요. 바람이 많이 부는 전 세계 곳곳에서 그냥 지나가는 바람을 잡아 에너지를 만들기만 하면 돼요. 그런데 기후 변화 때문에 바람이 세어지는 곳이 점점 많아지고 있다니 마냥 좋아할 일이 아니에요.

바다의 에너지

천문학자인 칼 세이건은 지구를 '창백한 푸른 점'이라고 했어요. 우주 탐사선 보이저호가 멀리서 찍은 사진에서 지구는 작고 푸른색이었기 때문이지요. 우주 밖에서 볼 때 지구가 푸른 것은 지구의 70퍼센트가 바다로 이루어져 있기 때문이에요. 이렇게 풍부한 바다를 활용해 에너지를 만들어 낼 수는 없을까요?

경기도 안성시의 바다와 인접한 곳에 시화호라는 인공 호수가 있어요. 그곳에 가면 바다를 막아 육지로 만들기 위해 세웠던 커다란 방조제가 있어요. 하지만 방조제로 바다를 막자 오염이 발생했고, 결국 물을 담수화하지도, 땅을 간척해 육지로 만들지도 못하고 말았어요. 그래서 이미 세운 방조제를 이용해 전기를 생산하기로 했어요. 조수 간만 차를 이용한 세계 최대의 조력 발전소가 지어졌지요.

바닷물은 태양, 달, 지구의 중력으로 쓸려나가기도 하고, 밀려들어오기도 해요. 이렇게 밀물과 썰물로 수문에 달린 발전기의 터빈을 돌리면서 바닷물의 운동 에너지에서 전기 에너지를 생산하는 것이 조력 발전이에요.

밀물과 썰물은 지구의 바다에서 하루에 두 번씩 어김없이 일어나는 자연 현상이에요. 따라서 지구가 태양 주변을 돌고, 달이 지구 주변을 도는 한, 지속적으로 에너지를 생산할 수 있지요.

조력 발전은 우리나라 서해안처럼 조수 간만 차가 큰 지역에서 이용하기 좋아요. 시화호 조력 발전소에서는 1년에 약 552기가와트시의 전력을 생산한답니다.

조력 발전은 온실가스를 배출하지 않아 지구 온난화를 일으키지는 않지만 제방을 쌓는 데 엄청난 비용이 들어가고, 생태계와 갯벌을 파괴하는 문제가 있어요. 그래서 커다란 방조제 대신 물에 떠서, 밀물과 썰물에 의한 바닷물의 흐름인 조류를 이용하는 방법도 있어요. 영국의 스코틀랜드 앞바다에는 물에 뜬 채로 조류의 흐름을 이용하는 조류 발전기가 설치되어 있어요. 제트기처럼 생긴 이 조류 발전기는 커다란 프로펠러가 돌아가며 전기를 생산해요.

파도의 에너지를 이용하는 방법도 있어요. 파도는 해안가의 지형을 바꿀 만큼 큰 에너지를 지녔어요. 파력 발전은 파도가 칠 때 이동하는 물의 힘을 이용하거나 해수면의 높이차를 이용해 압축한 공기로 터빈 발전기를 돌려 전기를 생산하는 방법이에요.

파력 발전 시설은 조력 발전 시설보다 소규모로 지을 수 있고, 한 번 지어 놓으면 파도가 칠 때마다 영구적으로 사용할 수 있어요. 또 세계 곳곳의 연안에 파도치는 곳이 많은데다 태양광이나 풍력보다 더 큰 에너지를 얻을 수 있다는 장점도 있지요.

하지만 설치가 어렵고, 비용이 많이 들기 때문에 현재 파력 발전을 하는 곳은 우리나라를 비롯해 5개국 정도뿐이에요.

우리나라 제주시에 속한 추자도에서는 안전과 에너지 두 가지를 모두 잡을 수 있도록 파력 발전소를 설계했어요. 작은 방파제를 세워 파도의 피해를 줄이는 한편, 방파제에 부딪히는 파도를 이용해 전기를 만들 수 있게 했지요. 덕분에 주변 섬들은 멀리 도심에서 생산한 전기 대신 가까운 곳에서 생산한 전기를 공급받을 수 있게 되었답니다.

우리나라 연구진은 자전거의 바퀴가 빨리 돌 때 페달을 거꾸로 돌리면 페달이 헛도는 원리를 파력 발전소에 적용하기도 했어요. 그러면 파도가 세게 치지 않을 때도 파도의 힘으로 전기를 만들어 낼 수 있지요.

유럽 연합에서는 물에 둥둥 떠다니는 부유식 파력 발전소를 만들 계획이라고 해요. 이처럼 세계 여러 나라의 공학자들이 파도를 이용해 다양한 방법으로 전기를 생산하는 방법을 연구하고 있답니다.

땅이 뜨끈뜨끈, 지열 에너지

화산이 폭발해 뜨거운 용암이 흘러나오는 것을 보면, 우리가 발 딛고 있는 땅과 달리 지구 내부에는 이글이글 끓어오르는 뜨거운 무언가가 있을 것 같아요.

맞아요, 정말 지구 내부로 들어갈수록 지구는 점점 뜨거워져요. 지구의 제일 겉 부분인 지각에서 100미터씩 깊어질 때마다 온도가 약 3도씩 올라가고, 지구의 가장 중심부인 내핵은 6,000도가 넘어요. 화산이 분출하며 나온 용암의 온도만 해도 700~1,200도나 되지요. 지구 내부가 이렇게 뜨거운 것은 우라늄, 토륨과 같은 방사성 원소가 붕괴하며 열에너지를 내기 때문이에요.

사람들은 옛날부터 지구 내부로부터 나오는 뜨거운 열을 이용해 왔어요. 화산 지대에 사는 사람들이 지열로 데워진 지하수로 뜨끈뜨끈한 온천을 한 것처럼 말이에요.

지열의 에너지를 적극적으로 이용해 전기를 생산하기도 해요. 대표적인 나라가 바로 아이슬란드예요. 화산 지대에 위치한 아이슬란드는 지열뿐 아니라 물도 풍부해서 지하 2킬로미터에서 끓는 지하수를 이용해 각 가정의 난방에 활용하고 있어요.

지열 발전을 하려면 지하에 수 킬로미터 깊이까지 구멍을 뚫어 관을 넣어야 해요. 그 관에 물을 넣어 내려보내면 지열로 증기가 만들어지는데, 그 증기를 다시 지상으로 뽑아 발전 터빈을 돌리면 전기를 생산할 수 있어요.

지열 발전 역시 지구 온난화를 일으키지 않아요. 또 자연 그대로의 지열을 이용하기 때문에 고갈될 염려도 없지요. 지열 발전은 꼭 화산 지대가 아니어도 돼요. 지하 깊숙한 곳에 뜨거운 지하수나 암반이 있으면 가능하기 때문에 유럽이나 우리나라에서도 다양한 지열 발전 시설이 늘고 있어요.

문제는 지하 깊숙이 땅을 파야 한다는 거예요. 지질이 불안정한 곳에서 땅을 파면, 지진이 일어날 수 있어요. 실제로 스위스에서 지열 발전소를 건설한 후, 시운전 상태에서 지진이 발생해 지열 발전을 멈춘 사례가 있어요.

우리나라 포항에서도 지열 발전 시설을 건설하는 도중에 지진이 발생해 중단되고 말았어요. 지열 발전을 하려면 발전소를 세우기 전에 미리 엄격하게 사전 조사를 해야 한다는 것을 알 수 있어요.

생물을 원료로, 바이오 에너지

화석 연료는 오래전에 땅속에 묻힌 생물의 잔해가 조건에 맞게 굳어지며 만들어진 연료예요. 식물이 광합성 작용으로 만들어 낸 영양분 같은 에너지가 숙성되어 만들어졌다는 이야기지요. 그렇다면 오래전에 죽은 생물 말고 지금 있는 생물을 연료로 쓰는 방법은 없을까요? 석유 대신 식용유로 가는 자동차처럼 말이에요.

화물차나 SUV를 움직이게 하는 디젤 엔진에는 석유 중 높은 발화점을 가진 경유가 연료로 쓰여요. 하지만 디젤 엔진이 처음 출시된 1900년경에는 땅콩기름을 연료로 썼다는 사실! 물론 경유가 쓰이게 되면서 더 이상 땅콩기름을 차에 넣지 않지요.

최근 새로운 에너지 원료를 찾는 일이 다양해지면서 경유 대신 야자열매에서 추출한 팜유나 콩에서 추출한 대두유를 쓰기도 해요. 옥수수나 사탕수수 같은 생물을 원료로 하는 에너지를 쓰기도 하고요. 일본 사이타마현의 지치부시에서는 버려지는 폐목재를 작은 우드 칩으로 만들어 난방에 쓰거나 해조류를 연료로 사용한다고 해요.

이렇게 생물을 원료로 하는 에너지를 '바이오 에너지'라고 해요. 생물을 뜻하는 '바이오(bio)'와 에너지를 합해 만든 말이지요. 바이오 에너지에 사용되는 원료는 '바이오매스(biomass: 생물 덩어리)'라고 해요.

널리 사용되는 바이오매스에는 바이오 디젤과 바이오 에탄올이 있어요. 바이오 디젤은 식물성 기름이나 동물성 지방으로 만드는데 원료도 쉽게 구할 수 있고 간단한 공정을 거치면 연료로 만들 수 있기 때문에 현재 판매되는 경유에는 바이오 디젤이 일부 섞여 있어요. 또 사탕수수, 밀, 옥수수, 고구마 같은 식물을 발효시켜서 만든 바이오 에탄올도 연료 첨가제로 사용되지요.

바이오 에너지는 온실가스를 방출하지만 석유보다는 오염 물질을 10~35퍼센트 정도 적게 내보내요.

바이오 에너지의 큰 문제점은 옥수수나 콩 등의 작물이 식량으로도 중요한 자원이라는 거예요. 따라서 바이오 에너지의 비중이 높아지면 농산물 가격의 상승과 단일 농작물 경작으로 인한 토지의 황폐화, 농약 사용으로 인한 환경 오염 등의 문제가 발생할 수 있어요.

그렇다면 연료로 쓰기 위한 식물을 새로 기르지 말고 버려지는 폐목재나 볏짚, 음식물 쓰레기로 바이오 에너지를 만들면 어떨까요? 식량을 에너지로 쓰며 생기는 문제를 해결할 수 있겠지요?

아예 식물이 영양분을 만들어 내는 원리를 이용하려는 시도도 있답니다. 광합성을 일으키는 태양의 빛 에너지를 이용하는 연구처럼 말이에요. 식물 안에서 일어나는 광합성 작용처럼 빛 에너지를 이용해 화합물을 합성하는 인공 광합성 기술이지요. 이외에 녹조류를 이용해 태양의 빛 에너지를 흡수하고 영양분을 만들어 내는 연구도 진행되고 있답니다.

바이오 에너지의 원료는 중요한 식량 자원이기도 해요.

쓸모 있는 쓰레기, 폐기물 에너지

우리나라에서 매일매일 버려지는 음식물 쓰레기가 2만 톤 정도라고 해요. 이와 함께 배출되는 가축 분뇨와 생활 쓰레기의 양까지 합하면 더 엄청난 수치가 되지요.

이렇게 날마다 버려지는 쓰레기를 모아 재활용할 수 있다면 어떨까요? 바로 똥으로 가는 영국의 한 버스처럼 말이에요. 사실 농가에서는 오래전부터 똥을 삭혀 비료로 만들어 썼어요. 요즘에는 미생물에 의해 발효된 똥이나 음식물 쓰레기 등에서 바이오 메테인 가스를 뽑아 연료로 쓰기도 해요. 우리나라 논산시에서는 음식물 쓰레기를 모아 미생물로 발효시킨 후 여기서 나오는 바이오 가스로 하루에 600킬로와트(kW:전력의 단위)의 전기를 생산한대요. 더 이상 쓰레기도 쓸모없는 것이 아니에요.

이처럼 버려지는 폐기물을 원료로 얻는 에너지를 '폐기물 에너지'라고 해요. 음식물 쓰레기, 가축 분뇨, 생활 폐기물 등 다양한 폐기물을 이용할 수 있어요. 음식물 쓰레기나 가축 분뇨를 발효해 생산한 바이오 가스는 생물에게서 나온 에너지이기 때문에 바이오 에너지라고도 할 수 있지요.

또 종이, 나무, 비닐, 플라스틱, 폐타이어, 건설 폐목재 등을 분쇄하고 분리해 건조하고 가공하면 고체 연료를 만들 수 있어요. 플라스틱, 합성수지, 고무, 폐타이어 등의 폐기물을 열분해하면 재생 연료로 만들 수 있지요. 자동차 폐윤활유 등의 폐유를 정제해 폐기물 에너지를 생산하기도 하고요.

폐기물을 태울 때 나오는 소각 열을 직접 이용할 수도 있어요. 대신 폐기물을 소각하는 동안 가스가 방출될 수 있고, 주변에 정화 시설을 만드는 비용이 많이 들어요.

버려지는 쓰레기는 다양해요. 쓰레기로 알뜰하게 에너지를 만들어 쓰는 일, 에너지와 쓰레기 문제 모두를 해결할 수 있어요!

**쓰레기를 에너지로!
에너지와 쓰레기 문제 모두를
해결할 수 있답니다.**

흐르는 물의 힘으로, 수력 에너지

물레방아는 높은 곳에서 떨어지는 물의 에너지를 이용해 바퀴를 돌려요. 그리고 그 에너지로 방아를 움직여 곡식을 찧지요. 이와 같은 원리를 적용하면 전기를 생산할 수 있어요. 어마어마한 양의 물을 커다란 댐으로 막았다가 높은 곳에서 낮은 곳으로 떨어뜨리는 거예요. 이처럼 물이 떨어지면서 갖는 에너지를 이용해 전기를 생산하는 발전 방식을 '수력 발전'이라고 해요.

과거에는 대규모 댐을 건설해 많은 양의 에너지를 생산했어요. 경기도 양수리에 위치한 팔당댐이 대표적인 예지요. 수력 발전은 역사가 오래된 만큼 기술이 많이 쌓여 발전 효율이 좋아요. 하지만 댐에 대규모로 물을 모아 두어야 하기 때문에 마을이 물에 잠기고 생태계가 파괴되며 건설 비용도 많이 들어요. 그래서 더 이상은 수력 발전소를 세우기가 쉽지 않아요.

그래도 넘쳐흐르는 물의 에너지를 그대로 두기는 정말 아까워요! 그래서 누군가 높은 곳에서 낮은 곳으로 떨어지는 계곡 물의 에너지를 이용해 전기를 생산하는 아이디어를 냈어요.

계곡마다 작은 용량의 발전기를 설치하면 가까운 지역에 전기 에너지를 공급할 수 있어요. 이와 같은 발전 방식을 '소수력 발전'이라고 해요. 보통 발전 용량이 10메가와트(MW:전력의 단위) 미만 규모의 발전소를 말해요. 산지가 많은 우리나라에는 계곡도 많아 이런 방식을 이용하기 좋답니다.

소수력 발전은 한 번에 큰 에너지를 내지 못해 경제성이 낮아요. 하지만 전기를 공급받기 어려운 산간, 벽지, 섬 지역에서는 작은 규모의 발전소로 스스로 에너지를 공급하는 데 좋아요. 우리나라는 연간 약 1억 킬로와트시(kWh:전력량의 단위)의 에너지를 소수력 발전으로 생산하고 있답니다.

휴대 전화를 충전할 수 있는 청계천 소수력 발전기

환경 탐정 뀨와 공학특공대

태양을 최대한 이용하라!

휴, 더워! 하루 종일 내리쬐는 이 뜨거운 태양 빛을 효율적으로 이용하는 방법이 없겠냐뀨?

독일 보봉 마을에 그런 집이 있습니닷! '헬리오트롭'이라는 이 집은 원통 모양의 집 위에 태양광 패널을 설치하고, 움직이는 태양을 따라 집 전체가 해바라기처럼 회전한다고 합니닷. 낮에 햇빛을 쫓으며 사용량의 5~6배 정도의 전기를 만드는데 남는 전기는 전력 회사에 판답니닷!

해바라기처럼 돌아가는 집이라, 자연을 최대한 이용하려는 공학자들의 설계가 대단하다뀨.
또 다른 방법은 없냐뀨?

'솔라로드'가 있습니닷. 도로에 보도블록 대신 태양광 패널이 설치된 노면 블록을 설치해 낮 동안 에너지를 만들어 가로등을 켭니닷.

도로에 설치가 가능하다면 운동장이나 인도에도 설치해 태양 에너지를 모을 수 있겠다뀨!

맞습니닷! 게다가 태양 전지 효율을 높이는 신소재가 사용된 기술이랍니닷. 최근에 발견된 페로브스카이트는 현재 사용되는 실리콘에 비해 값싸고 만들기가 쉬워 태양 전지를 만들면 효율이 좋다고 합니닷! 좀 더 연구해야겠지만 페로브스카이트와 실리콘을 결합한 '탠덤 태양 전지'도 기대해 볼 수 있겠습니닷.

해바라기처럼 빙빙~~

똑똑하게
에너지를 소비해

알뜰하게, 에너지 절약 대작전

우리는 지금껏 화석 에너지를 대신할 에너지를 찾아보았어요. 에너지를 다른 에너지로 전환해 필요한 형태의 에너지로 사용하는 기술이었지요. 이처럼 더 안전하고, 깨끗한 에너지를 개발하는 일은 중요해요. 하지만 어떤 에너지든 에너지를 전환할 때는 비용이 들어요. 그 과정에서 환경이나 생태계가 파괴되기도 하고요. 그래서 에너지를 만드는 일 만큼 아껴 쓰는 일도 중요하답니다.

너무 흔한 말이지만 우리는 에너지를 절약해야 해요. 안 쓰는 전자 기기의 플러그를 빼고, 필요 없는 전등은 끄고, 적정한 온도로 냉난방을 하고, 가까운 거리는 걸어 다니거나 대중교통을 이용해야 하지요. 하지만 과학자와 공학자는 에너지 절약을 개인의 절약 습관에만 기대지 않아요. 가능한 한 버려지는 에너지를 줄여 최대한 사용하도록 기술을 개발한답니다.

에너지는 다른 에너지로 전환될 때 100퍼센트 그대로 전환되지 않아요. 손실이 발생해 버려지는 에너지가 생긴다는 말이에요. 전등을 켰을 때 밝은 빛만 나면 좋은데 전등이 뜨끈뜨끈해지며 열에너지로 손실이 일어나는 것처럼 말이에요.

이처럼 에너지를 전환할 때 원래 에너지에서 손실된 에너지를 제외하고 전환된 에너지 비율을 '에너지 효율'이라고 해요.

공학자들이 개발한 에너지 효율을 높이는 기술을 사용하면 에너지를 절약할 수 있어요. 간단하게는 LED 등이나 하이브리드 자동차를 사용하는 것부터 시작해요. LED 등은 백열등보다 에너지 손실을 4~5배 정도 줄일 수 있어요. 또 하이브리드 자동차는 일반 자동차보다 30~45퍼센트 정도 에너지 손실을 줄일 수 있지요.

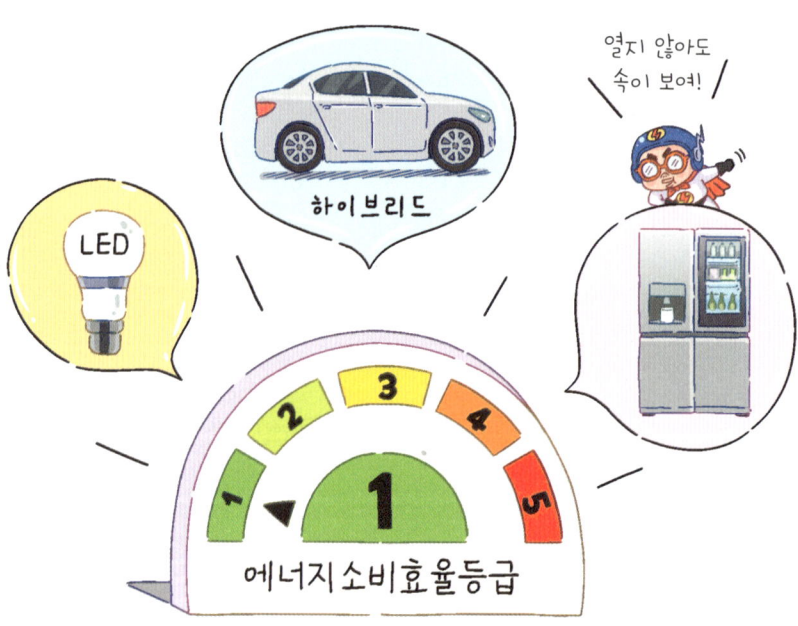

똑똑한 전력망, 스마트 그리드

에너지를 효율적으로 쓰는 일에는 에너지를 꼭 필요한 만큼만 생산해서 버려지는 에너지가 없도록 하는 일도 포함돼요. 우리가 떡볶이를 사 먹을 때 버려지는 음식이 없도록 떡볶이 1인분, 튀김 1인분만 주문해 맛있게 다 먹는 것처럼요.

발전소에서 전기 에너지를 생산할 때는 계획에 맞추어 생산하기는 하지만, 각 도시와 가정에 꼭 필요한 만큼만 만들지는 않아요. 보통 필요한 에너지보다 10퍼센트 정도 더 많이 생산해 혹시라도 더 많이 사용할 때를 대비하지요. 그러다 보니 더 많은 발전 설비도 필요하고, 남아서 버려지는 전기도 많아요. 전국에서 생산하는 전력의 10퍼센트면 꽤 많은 양이랍니다!

만약 도시와 가정에서 필요한 만큼의 전기를 발전소에 요청하고, 발전소에서 그만큼의 전기만 생산해 보내 준다면 낭비되는 일 없이 전기 에너지를 생산할 수 있을 거예요.

그러면 필요한 전기의 양을 어떻게 측정하고 어떻게 발전소에 알리면 좋을까요?

도시와 가정에서 필요로 하는 만큼의 전기 에너지를 생산해 공급하려면 새로운 전력망이 필요해요. 지금처럼 발전소에서 각 도시와 가정으로 전기 에너지를 공급하는, 한 방향의 흐름으로 진행되는 전력망으로는 어림없는 일이지요. 과학자와 공학자들이 머리를 맞대어 찾은 해결 방안은 기존의 전력망에 정보 통신 기술, 즉 IT 기술을 연결한 '스마트 그리드(Smart Grid)'였어요.

스마트 그리드는 말 그대로 '똑똑한 전력망'을 뜻해요. 먼저 각 가정에서 가전제품마다 인터넷 통신망과 연결된 스마트 계량기를 달아요. 그런 뒤에 가정에서 쓰는 전력 소비량에 맞는 전기 요금을 선택하고 스마트 그리드로부터 필요한 만큼의 전기 에너지를 공급받아요. 만약 신청한 양보다 적게 써 전기 에너지가 남는다면 소규모 저장 장치를 이용해 에너지를 저장했다가 필요할 때 쓰면 돼요.

기업이나 공장에서도 스마트 그리드와 연결된 자동화 시스템을 사용해요. 일하면서 사용한 전기 에너지의 양을 기준으로, 필요한 전기 에너지를 스마트 그리드에 요청하지요.

그러니까 가정과 기업, 공장 등 도시 전체 모든 곳의 전자 기기들을 정보 통신망을 통해 스마트 그리드로 연결해 관리하는 거예요. 각자 사용한 전기 요금을 바로 확인할 수 있고, 전기 에너지 사용량이 많은 낮보다 밤에 전기 에너지를 사용하면 전기 요금도 줄일 수 있어요.

발전소에서는 전기 에너지의 소비량을 바로바로 확인할 수 있기 때문에 필요한 만큼만 전기 에너지를 만들어 공급할 수 있어요. 남는 에너지는 미리 저장 시스템에 저장해 놓으면 필요할 때 쓸 수 있어서 버려지는 전기 에너지가 줄어들어요.

스마트 그리드를 만들어 놓으면 낭비되는 전기 에너지를 크게 줄이고 발전 시설을 효율적으로 운영할 수 있어서 탄소 배출까지 줄일 수 있어요. 이런 이유로 우리나라뿐 아니라 미국, 독일, 영국 등 세계 여러 나라의 도시에서도 활용하고 있답니다.

> **전력망**은 발전소에서 생산한 전기를 필요한 곳으로 보내는 체계를 말해요. 마치 그물처럼 얽혀 있다 해서 전력망이라고 해요.

물론 걱정되는 점도 있어요. 스마트 그리드를 설치하면 각 가정과 기업의 모든 가전제품이 연결된다는 것이지요. 개인 정보가 수집되기 때문에 사람들의 정보를 안전하게 보호하는 장치가 마련되어야 해요.

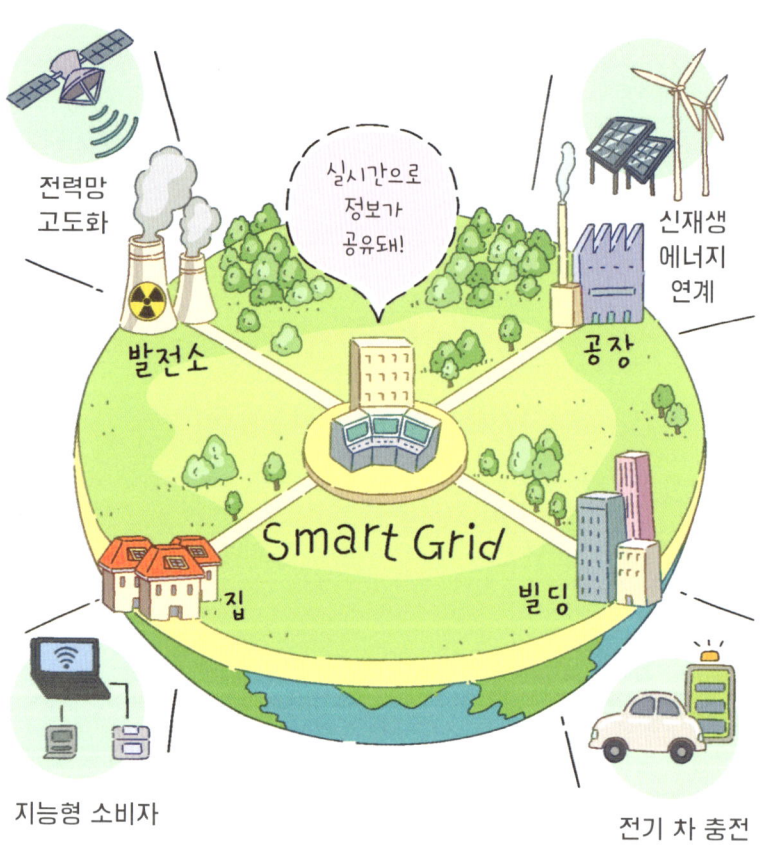

에너지를 저장하라!

스마트 그리드를 활용하려면 남는 전기 에너지를 저장해 놓았다가 필요할 때 쓸 수 있어야 해요. 이때 필요한 것이 '에너지 저장 장치(ESS)'예요.

ESS는 말 그대로 에너지(energy)를 저장(storage)하는 장치(system)로, 발전소에서 공급하고 남은 전기 에너지를 저장해 두었다가 전력이 부족할 때 보내 주는 저장 장치예요.

태양광 발전의 경우, 해가 있는 낮 동안에 생산된 전기 에너지를 ESS에 저장했다가 밤에 쓸 수 있어요. 이처럼 자연환경에 따라 생산량이 달라지는 에너지를 안정적으로 공급할 수 있어 ESS는 미래 에너지 공학에 필수랍니다. 또 전기로 움직이는 전기 자동차나 하이브리드 자동차에도 꼭 필요해요. 자동차에 전원 플러그를 연결하거나 발전소를 매단 채 운행할 수는 없으니까요.

에너지를 저장할 수 있는 장치라고 하면 전기를 충전해 쓸 수 있는 휴대 전화 배터리가 먼저 떠오를 거예요. ESS는 휴대 전화 배터리보다 훨씬 많은 에너지를 저장할 수 있어요.

수백 킬로와트시 이상의 전기 에너지를 저장할 수 있는 단독 장치인 ESS는 두 가지 방식으로 에너지를 저장해요. 하나는 화학 에너지로 전기 에너지를 저장하는 화학 전지 방식이고, 다른 하나는 양수 발전이나 압축 공기 저장 등 물리적 에너지로 저장하는 방식이에요. 우리나라는 화학 전지 방식 중 리튬 이온 전지 방식을 주로 이용해요.

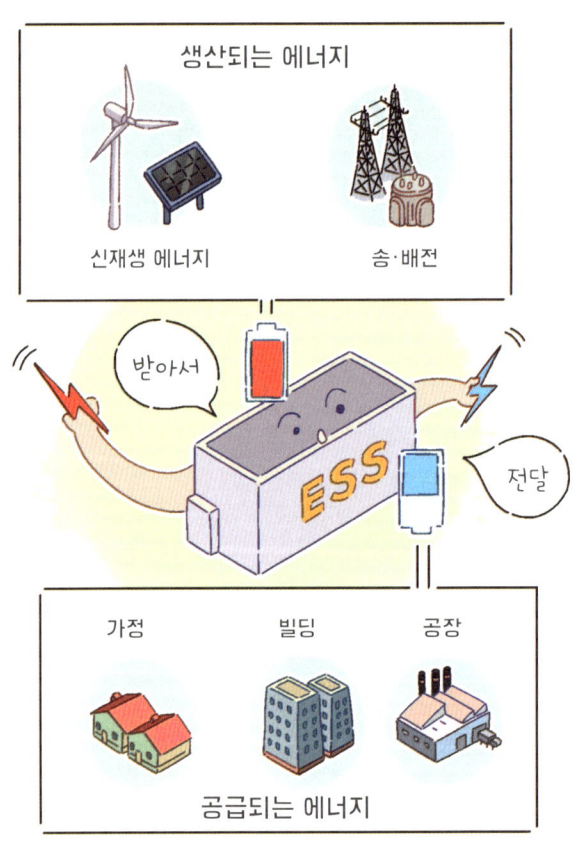

에너지 제로 하우스

한옥 기와 지붕의 처마는 비스듬히 기울어져 위를 향하고 있어요. 덕분에 중위도 지역인 우리나라의 높은 여름 태양 빛은 덜 들어오고, 낮은 겨울 태양 빛은 집안 깊숙이 들어와요. 태양의 에너지를 계절에 맞게 이용할 수 있도록 설계한 거예요.

이처럼 자연의 에너지를 적절히 이용하면서 에너지의 손실을 줄이는 집을 짓는 것도 에너지를 절약하고 에너지 효율을 높이는 기술이에요.

에너지 효율이 높고, 탄소를 배출하지 않는 집을 '에너지 제로 하우스(Energy Zero House)'라고 해요. 집에서 소비하는 에너지와 집 자체에서 생산하는 에너지를 합한 양이 제로가 되도록 설계한 집이지요. 에너지 제로 하우스에는 액티브 하우스(Active House)와 패시브 하우스(Passive House)가 있어요.

액티브 하우스는 능동적인 집이라는 의미에 맞게 태양 에너지, 지열 에너지, 풍력 에너지 등의 신재생 에너지를 이용해 집에서 필요한 에너지를 만드는 집이에요.

반면에 패시브 하우스는 수동적인 집이라는 뜻처럼 첨단 단열 기술로 집 안의 열이 밖으로 새어 나가지 않게 함으로써 탄소를 배출하지 않게 설계한 집을 말해요. 단열재로 만들어진 벽과 지붕, 열 교환기, 삼중창을 사용할 뿐 아니라 남향으로 집을 지어 태양 빛이 여름에는 적게, 겨울에는 많이 들어오게 설계한답니다. 별도의 난방 시설 없이 한겨울을 나는 집을 짓기 위해 공학자들이 얼마나 많은 단열 기술을 찾아냈을지 상상할 수 있을 거예요.

자투리 에너지까지, 에너지 하베스팅

건조한 날 옷을 벗을 때 일어나는 정전기, 우리를 비추는 태양 빛, 우리 몸의 체온, 살랑살랑 봄바람 등 우리 주변에는 다양한 형태의 에너지가 있어요. 보통은 큰 에너지라 생각하지 않고 무시하고 지나치지요. 하지만 '티끌 모아 태산'이란 말도 있잖아요. 이런 자투리 에너지도 모아서 쓸 수는 없을까요?

36.5도의 체온을 유지하는 인간의 몸은 체온보다 낮은 온도에서는 머리로 열을 발산해요. 보통 잘 때 75와트(W), 운동할 때 190와트 정도의 열이 나온다고 해요. 운동할 때 나는 열의 1퍼센트를 전기로 바꾸면 스마트폰 두 대를 충전할 수 있어요. 자투리 열이라고 무시할 수 없겠지요?

이렇게 자투리 에너지를 모아 전기 에너지로 전환해 활용하는 기술이 바로 '에너지 하베스팅(Energy Harvesting)'이에요. 주변의 에너지를 수확한다(harvest)는 뜻이지요. 이 기술은 압력이 가해질 때 발생하는 에너지로 전기를 생산하거나, 온도 차가 나는 곳에서 전기를 생산하거나, 전자기파와 태양 빛을 수집하거나, 전자기 유도 현상 등을 이용해 전기를 모아요.

에너지 하베스팅 기술은 우리 주변에서 늘 작동하는 전자 기기를 이용할 때 유용해요. 심박수를 체크하는 웨어러블 기기나 스마트워치, 소형 전등과 같은 전자 기기들의 배터리를 교체하지 않고도 계속 사용할 수 있거든요.

실제로 2006년에 일본에서 사람, 자동차, 자전거 등이 도로를 지날 때 나오는 진동 에너지를 전기 에너지로 바꾸는 데 성공했어요. 하루 최대 200킬로와트의 전기를 생산해 가로등을 켰지요. 또 미국에서는 몸의 체열을 전기로 만들어 건강을 체크해 주는 헬스 케어 기기를 작동시켰어요.

우리나라의 전기안전연구원에서는 높은 전압이 흐르는 배전반 주변의 자기장을 전기 에너지로 바꾸는 소자를 배전반에 넣어 별도의 배터리를 쓰지 않고도 원격으로 배전반을 점검할 수 있도록 했어요. 덕분에 보다 안전하게 시설을 관리할 수 있게 되었지요.

에너지 하베스팅 기술은 앞으로 더 사용이 많아질 웨어러블 기기, 사물 인터넷 등에 다양하게 활용될 수 있어서 기대되는 에너지 기술이에요.

| 환경 탐정 뀨와 공학특공대 |

에너지를 모아 쓰는 자동차를 찾아라!

자투리 에너지를 알뜰하게 모으는 자동차가 있다고 들었다뀨. 에너지 하베스팅 기술이 자동차에 어떻게 쓰이고 있는지 공학특공대를 불러 확인하자뀨!

자동차는 건물과 달리 태양열을 수직으로 받아 열을 더 많이 받을 수 있습니닷. 자동차 지붕에 태양광 패널을 설치하면 달릴 때는 물론, 주차 중에도 전기를 만들 수 있습니닷.

그렇군. 또 다른 자투리 에너지를 쓰는 경우도 있냐뀨?

엔진에서 발생하는 열도 이용할 수 있습니닷! 달릴수록 뜨거워지는 엔진의 열로 자동차의 실내 온도를 조절하고 배터리 충전에도 이용합니닷. 우리나라의 한 자동차 회사에서는 배터리에서 나는 열을 이용해 좌석을 데우는 온돌 시스템을 개발 중이라고 합니닷.

오, 에너지 하베스팅 기술로 엉덩이가 뜨끈뜨끈한 자동차를 탈 수 있겠다뀨!

자동차 공학자들은 자동차가 도로를 달릴 때 발생하는 마찰, 충격, 진동, 소음같이 버려지는 에너지도 활용할 방법을 계속해서 연구 중이라고 합니닷!

자동차 부품에서 발생하는 진동을 전기 에너지로 바꾸어도 좋겠다뀨! 앞으로 어떤 자투리 에너지를 쓰는 자동차가 등장할지 더욱 기대된다뀨!

국제그린에너지엑스포에 소개된, 에너지 하베스팅 기술이 적용된 자동차. 지붕의 태양열 패널이 전기를 발생시킨다.

4

미래의 에너지를 소개합니다

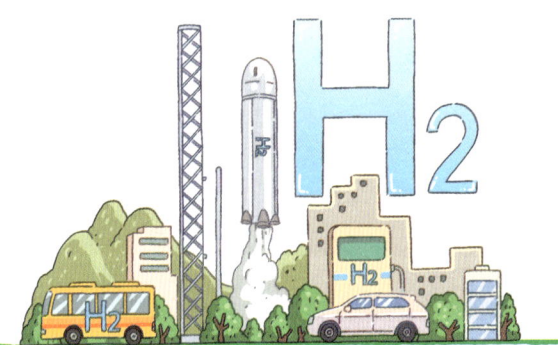

새로운 형태의 신에너지

석탄, 석유, 천연가스와 같은 전통적인 에너지에 새로운 기술을 적용한 새로운 형태의 에너지를 '신에너지'라고 해요. 자연의 에너지를 이용하는 재생 에너지와 함께 화석 연료를 대체할 미래의 에너지로 꼽히지요. 신에너지는 주로 기존의 화석 연료를 변환시키거나 수소, 산소 등의 화학 반응을 통해 전기나 열을 이용하는 에너지예요.

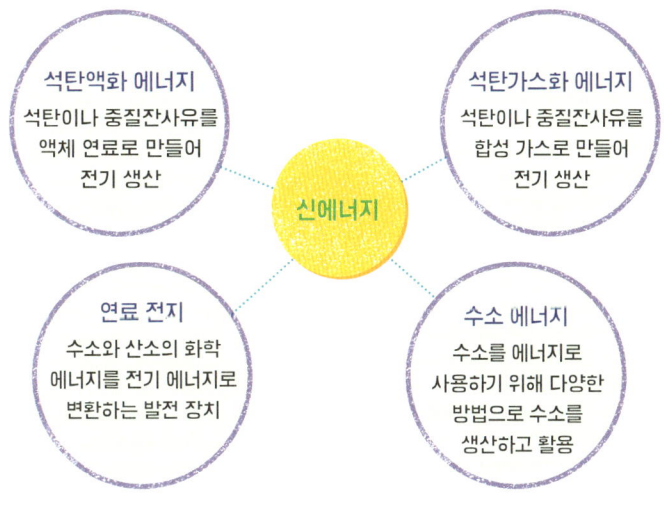

" **신재생 에너지**는 신에너지와 재생 에너지를 합쳐 부르는 말이에요. "

버려지는 화석 연료도 다시 돌아보면

    화석 에너지를 다른 에너지로 대체하는 것은 정말 중요한 일이에요. 하지만 화석 연료에 의지하고 있는 에너지 비율이 너무 높고, 다른 에너지의 효율이 낮아서 당장 모든 화석 에너지를 신재생 에너지로 바꾸기는 어려워요. 그래서 버려지거나 잘 사용하지 않는 화석 연료까지 가공해 환경 오염이 적게 발생하도록 개발해요. 품질이 낮은 석탄이나, 원유를 모두 정제하고 맨 마지막에 남은 코크, 타르, 피치와 같은 찌꺼기(중질잔사유)를 이용하는 거예요.

    품질이 낮은 석탄을 이용하면 석탄 가스화 복합 발전을 할 수 있어요. 품질이 낮은 석탄을 합성 가스로 만들어 전기를 생산하지요. 미국, 네덜란드, 일본 등에서 쓰기 시작한 석탄 가스화 복합 발전의 가장 큰 장점은 일단 캐낸 석탄을 버리는 것 없이 모두 에너지로 만들어 쓴다는 거예요. 게다가 석탄 화력 발전소보다 발전 효율이 높고 온실가스나 환경 오염을 일으키는 기체를 절반 정도 줄일 수 있다는 것이 특징이지요.

아직 개발 초기 단계라 건설 비용이 많이 들지만 여러 나라에서 주목하고 있는 기술인 만큼 비용이 낮아지고 에너지 효율은 높아질 것으로 기대되고 있어요.

석탄 액화 기술도 주목받는 신에너지 기술이에요. 석탄을 휘발유나 경유 같은 액체 연료로 만들어 쓰는 기술이지요. 이미 1930년대에 독일에서 상용화된 적이 있고, 최근에는 기술이 더 발전해 경제성도 있어요. 그리고 각종 화학 원료 생산 기술과 함께 쓰인다면 에너지 효율을 더욱 높일 수 있다는 것도 장점이에요.

어때요? 버려지는 화석 연료도 알뜰하게 모아 사용하면 지구 환경을 위한 일이 될 수 있겠지요?

버려지는 화석 연료도 알뜰하게 모으면 지구 환경을 위한 일이 돼요!

수소 에너지

……5, 4, 3, 2, 1, 0, 발사!

머지않아 우주여행 시대가 올 거라 해요. 이미 세계 여러 나라에서 우주로 인공위성을 쏘아 올렸지요. 그런데 지구 중력을 뚫고 날아오르는 우주선에는 어떤 연료가 쓰일까요?

1969년에 인류를 처음 달에 보내 준 아폴로 11호는 수소 연료를 사용했어요. 많은 에너지를 내야 했기에 핵연료도 고려했지만, 안전을 위해 수소를 선택했지요. 아폴로 11호의 성공 이후 많은 나라가 우주선에 수소 연료를 사용했어요.

원소 기호 1번인 수소는 지구에 가장 많은 원소예요. 지구의 70퍼센트를 차지하는 물도 수소로 이루어 있지요. 게다가 수소는 산소와 결합할 때 오염 물질이 나오지 않고, 아주 큰 에너지를 내요. 수소 1킬로그램이 산소와 결합하며 연소할 때 자그마치 약 3만 5,000킬로칼로리의 에너지를 내요. 같은 질량의 다른 화석 연료보다 약 세 배의 에너지를 내지요. 이처럼 풍부하고 에너지 효율이 높은 수소를 바로 이용하면 될 텐데 왜 널리 쓰지 않는 걸까요?

수소를 연료로 쓰는 것은 그리 쉬운 일이 아니에요. 보통 수소는 자연 상태에서 다른 원소와 결합해 있기 때문에 순수한 수소를 얻으려면 별도의 공정이 필요해요. 또 쉽게 폭발하는 성질 때문에 안전하게 보관해야 해요.

수소를 에너지로 사용하기 위해서는 수소 저장 기술을 개발하는 일이 가장 중요해요. 수소를 기체 상태로 저장하면 부피가 너무 크고, 폭발의 위험이 있기 때문이에요.

그런데 수소의 부피를 줄이기 위해 압력을 올리거나 온도를 낮춰 액체 상태로 만드는 데는 엄청난 비용이 들어요. 그래서 티타늄-철의 합금 같은 금속이나 탄소 등의 고체에 수소를 흡착시켜 운반하는 기술이 개발되고 있지요.

수소를 그대로 산소와 연소시켜 에너지를 내면 수소가 폭발할 수 있어 위험해요. 1937년에 수소를 연료로 하는 비행선이 공중에서 폭발한 일도 수소를 그대로 연료로 썼다가 일어난 사고였지요. 그래서 수소에 직접 불을 붙여 연소시키기보다 조금 더 안전하게 수소를 활용하는 방법을 찾아냈어요. 바로 수소 연료 전지를 이용하는 방법이랍니다. 이 전지는 수소와 산소가 화학 반응할 때 나오는 화학 에너지를 전환해 전기를 생산해요.

수소 연료 전지 발전은 발전 효율이 30~40퍼센트이고 열효율이 40퍼센트나 되어 만족스러운 에너지원이 될 수 있어요. 하지만 수소를 분리할 때나 수소를 액체로 만들 때 에너지가 따로 들기 때문에 과연 수소 에너지가 온실가스를 내뿜지 않는다고 말할 수 있을지 문제가 제기되고 있어요. 물론 화석 연료를 쓸 때보다는 훨씬 적은 온실가스를 배출하지만요.

연료 전지

전기 에너지는 생각보다 많은 곳에 필요해요. 휴대 전화나 노트북뿐 아니라 리모컨이나 전자시계에도 전기 에너지가 필요하지요. 가지고 다니기 좋아야 하는 이런 전자 기기에는 전지로 전기 에너지를 공급해요. 배터리(battery)라고도 하는 이 전지 안에서는 다른 두 화학 물질이 반응을 일으키며 화학 에너지가 전기 에너지로 전환돼요.

리모컨, 전자시계 등에 들어가는 건전지나 수은 전지처럼 전기 에너지를 다 쓰고 나면 화학 반응이 더 이상 일어나지 않아 다시 쓸 수 없는 전지를 1차 전지라고 해요.

반면에 휴대 전화나 노트북에 들어가는 전지처럼 집에서 충분히 충전하면 밖에 있는 동안에도 전기를 쓸 수 있고 충전해서 계속 쓰는 전지를 2차 전지라고 해요. 전기를 다 쓴 다음 충전해서 화학 에너지를 채우고, 화학 에너지로 화학 반응을 일으켜 전기 에너지를 내지요.

화석 연료 대신 전기 에너지로 움직이는 전기 자동차도 충전해서 다시 쓸 수 있는 2차 전지를 사용해요.

그런데 여기서 생각해 볼 문제가 있어요. 분명 전기 자동차의 배기가스에서는 온실가스가 발생하지 않아요. 하지만 충전한 대부분의 전기 에너지가 화력 발전으로 만들어졌다면 어떤가요? 화력 발전으로 전기를 생산하는 한, 전기 자동차도 완전한 청정 자동차가 아니라는 이야기예요.

이 문제를 해결할 아이디어는 영국의 윌리엄 그로브라는 과학자가 1839년에 처음 생각해 냈어요. 1차 전지에 연료와 산소를 공급해 화학 반응을 지속적으로 일으켜 충전 없이 전기를 공급할 수 있는 전지를 만드는 것이었지요. 이 아이디어는 여러 과학자의 연구를 거쳐 연료 전지로 탄생할 수 있었어요.

연료 전지는 화학 반응을 일으키는 물질을 계속 공급하면서 충전 과정 없이 화학 에너지를 지속해서 전기 에너지로 전환시키는 전지를 말해요.

연료 전지는 보통 수소와 산소로 화학 반응을 일으켜 전기 에너지를 생산하지만, 수소와 산소 주변을 채우는 물질에 따라 여러 종류로 나뉘어요. 또 발전용 연료 전지, 건물용 연료 전지, 운송 수단에 쓰이는 연료 전지 등 여러 분야에서 용도에 맞게 연료 전지를 개발하고 있어요.

　특히 수소와 산소의 화학 반응으로 전기 에너지를 내는 수소 연료 전지의 경우는 물만 배출하기 때문에 청정 수소 자동차의 연료로 연구되고 있지요.

　연료 전지의 가장 큰 장점은 기존의 발전 방식보다 효율이 높다는 거예요. 또 공해 물질을 거의 배출하지 않아 환경에 나쁜 영향을 주지 않고, 다양한 연료로 사용할 수 있다는 점에서 미래의 에너지로 주목받고 있어요.

수소 자동차 vs 전기 자동차

수소 자동차와 전기 자동차 모두 전기 모터로 움직여요. 석유를 연료로 쓰는 자동차가 내연 기관(엔진)으로 움직이는 것과는 다르지요.

수소 자동차는 수소 연료 전지로 에너지를 공급받아요. 배출되는 것은 오직 물뿐이라 온실가스나 환경 오염 물질이 나오지 않는다는 장점이 있지요. 하지만 수소를 얻는 과정에서 다른 에너지가 필요하고, 수소를 안정적으로 저장할 수 있는 기술이 필요해서 일반 전기 자동차에 비해 가격이 비싸요. 또 아직은 일부라도 전기를 공급받아야 해서 완전한 수소 차라고 할 수 없지요.

일반 전기 자동차도 아쉽기는 마찬가지예요. 리튬 이온 전지 같은 2차 전지를 이용하는 전기 자동차는 자동차 자체에서는 온실가스나 환경 오염 물질이 나오지 않지만, 연료인 전기를 만들어 내는 데 아직 화석 연료가 쓰이고 있으니까요.

하지만 이 문제도 곧 해결될 거예요. 탄소를 줄이려는 공학자들이 이 순간에도 끊임없이 친환경 자동차를 만들기 위해 신소재와 기술을 연구하고 있거든요.

:::: 환경 탐정 뀨와 공학특공대

그린 수소를 찾아라!

그린 수소? 수소는 무색, 무미, 무취인 기체가 분명한데 그린 수소라니 무슨 말이냐뀨? 누군가 새로운 수소를 만들어 냈냐뀨!

그린 수소는 수소의 색을 나타낸 말이 아닙니닷. 수소를 생산하는 과정에 따라 색을 나눠 이름을 붙인 것입니닷.

수소만 분리해 순수한 수소를 얻는 과정에 따라 분류한 것이군.

맞습니닷! 갈탄을 가스화해 얻은 수소는 브라운 수소, 화석 연료에서 얻은 것은 그레이 수소, 그레이 수소를 만드는 과정에서 이산화 탄소를 포집해 저장하며 모은 수소는 블루 수소, 재생 에너지로 전기 분해해 얻은 수소는 그린 수소라고 합니닷. 수소를 얻는 과정에서도 이산화 탄소가 배출되기 마련인데 브라운 수소, 그레이 수소, 블루 수소, 그린 수소 순으로 이산화 탄소를 적게 배출합니닷.

청정 에너지인 수소 에너지의 위상을 생각하면 그린 수소가 가장 좋은 수소 아니겠냐뀨?

이산화 탄소 배출량이 적은 그린 수소와 블루 수소는 청정 수소로 인기입니닷. 수소 자동차를 만드는 데도 필수랍니닷.

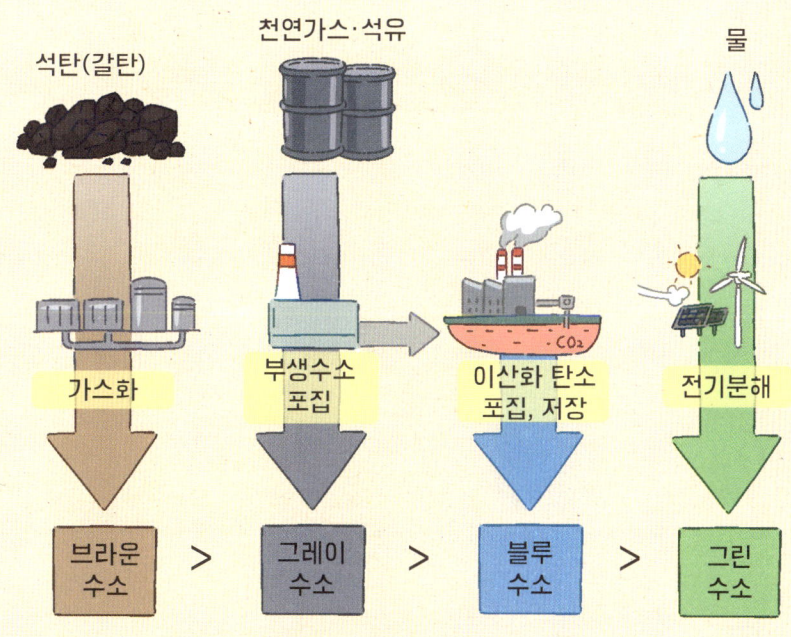

지구를 위해 상상할 수 있는 모든 것

이 정도면 충분할까?

지금까지 우리는 현재 적용되고 있거나 곧 적용될 에너지 분야를 살펴보았어요. 자연의 에너지를 이용하고, 여러 기술을 모아 새로운 에너지를 찾아내고, 에너지를 저장하고, 아껴 쓰고, 자투리 에너지까지 쓰기 위한 공학자들의 노력이었지요.

하지만 공학자들은 여기에 만족하지 않아요. 지구를 위해서도, 후손을 위해서도 화석 에너지 사용을 이제 곧 멈추어야 하지만 원자력 에너지도, 신재생 에너지도 화석 에너지를 완전하게 대체하기에는 아직 부족하거든요.

또 에너지 문제는 에너지공학과 환경 문제에만 국한된 것이 아니에요. 앞에서도 말했지만 국제적인 문제로 석유 공급이 어려워질 때마다 세계 에너지 시장은 안정되지 못하고 요동쳤어요. 에너지를 가진 기업이나 나라가 휘두르는 권력에 따라 에너지 정책이 달라지기도 했지요. 에너지와 관련된 문제는 국제 정세나 국내 문제까지 관련된 보다 복잡한 문제예요. 따라서 에너지 주권을 확보하려면 보다 안정적인 에너지공학 기술이 필요해요.

상상할 수 있는 모든 것

우리에게는 환경을 해치지 않으면서 언제든 안정적으로 사용할 수 있는 에너지가 필요해요. 이를 위해 에너지를 연구하는 공학자들은 상상할 수 있는 모든 것을 실현하려고 노력하고 있어요.

1940년대의 공상 과학 소설 작가 아이작 아시모프는 소설 『리즌(Reason)』에서, 우주 공간에서 태양광으로 만든 전기 에너지를 지구로 전송하는 기술을 썼어요. 대기에 둘러싸인 지구에서 태양광을 받는 것보다 우주에서 직접 받는 것이 더 효율적이라고 본 거예요. 이런 생각은 그저 상상에서 그치지 않았어요. 미국 캘리포니아공대의 연구자들이 이 아이디어를 기반으로 '우주 기반 태양광 발전 프로젝트'를 시작했거든요.

**모든 상상을 총동원하는
공학자들의 노력은
우리의 앞날을 밝게 할 거예요.**

사실 지구 밖에서 지구 주변을 돌고 있는 인공위성, 국제 우주 정거장, 멀리 외계 행성까지 관측하는 제임스웹 우주 망원경, 대부분의 우주선 등은 지금도 우주에서 태양광 에너지를 전기 에너지로 바꾸어 사용하고 있어요. 심지어 태양 전지판을 돛처럼 펼치고 우주 공간을 유영하도록 설계되기도 해요. 우주에서는 대기가 햇빛을 가리지 않고 기상 현상이나 밤과 낮의 변화도 없어 24시간 내내 태양의 빛 에너지를 받을 수 있거든요.

지구 주변의 우주 공간에 커다란 태양광 전지판을 설치하고 태양 에너지를 전기 에너지로 바꾸는 아이디어는 어렵지 않게 실현할 수 있어요. 문제는 태양광으로 만든 전기 에너지를 어떻게 지구로 보내느냐는 거예요.

캘리포니아공대의 연구진은 우주에 태양광 발전소를 띄울 계획이에요. 우주에서 받은 태양의 빛 에너지를 마이크로파로 바꾸어 지구를 향해 쏘면 지구에서 그 마이크로파를 받아 전기 에너지로 바꾸어 사용하려는 것이지요. 이를 위해 연구진은 우주 공간에 띄울 태양 전지가 들어갈 초경량 모듈과 무선으로 전기 에너지를 전송할 수 있는 회로를 설계해 놓았어요.

2023년에 실험할 이 기술이 과연 우리의 에너지 문제를 해결해 줄 전환점이 될지 아직은 알 수 없어요. 하지만 가능한 한 모든 상상력을 총동원해 에너지 문제를 해결하고자 하는 공학자들의 노력은 밤하늘의 별처럼 우리의 앞날을 밝게 할 거예요.

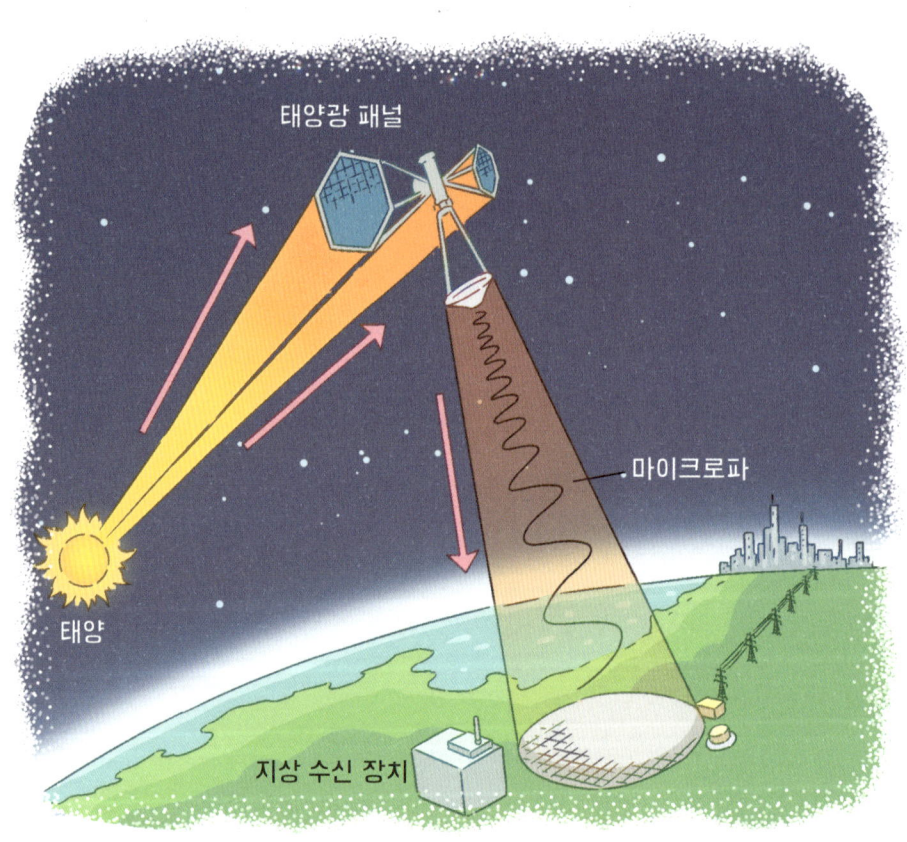

실험실에 태양이 뜬다면

태양은 지구의 따뜻한 온도를 유지해 주고, 식물이 자라게 해요. 사람들은 태양 빛에서 전기를 생산하고, 태양열로 물을 데우지요. 맞아요, 지구 생명 에너지의 근원이 바로 태양이에요.

우리는 이 태양의 에너지를 최대한 이용하기 위해 노력하고 있어요. 태양의 빛과 열을 이용하는 것은 물론, 과거 태양 빛으로 만들어진 화석 연료를 쓰면서요. 심지어 우주 공간에 태양 전지판을 세울 상상도 하잖아요.

그런데 '태양을 지구에 만들면 어떨까?' 하고 상상하는 사람들이 있어요. 1초에 수소 폭탄 약 2,000억 개의 에너지를 낼 수 있는 태양이 있다면, 지구는 더 이상 에너지 때문에 걱정하지 않아도 될 테니까요. 이는 말도 안 되는 상상이 아니에요! 상상을 현실로 만드는 과학자와 공학자가 있으니까요.

태양의 어마어마한 에너지는 바로 태양의 중심에서 일어나는 수소 원자들의 핵융합 반응 덕분이에요. 매우 높은 온도인 태양의 중심은 기체 상태를 벗어나 전자와 전기를 띤 이온들이 섞여 있는 플라즈마 상태예요.

　이렇게 높은 온도의 플라즈마 상태에서 수소 원자핵들이 융합하며 헬륨 원자핵으로 변하는데, 이때 줄어든 질량만큼 엄청난 에너지를 내요. 원자핵의 줄어든 질량만큼 에너지를 낸다는 것은 아인슈타인의 유명한 공식인 $E=mc^2$로 계산할 수 있지요.

자, 그럼 이제 어떻게 지구에 태양을 만들 수 있을지 생각해 볼까요?

지구에 인공 태양을 만들기 위해서는 핵융합의 원료가 필요해요. 플라즈마 상태에서 핵융합을 일으킬 수 있는 수소가 필요하다는 말이지요. 이때 수소는 일반 수소보다 무거운 중수소와 삼중 수소 모두가 필요해요. 중수소는 바닷물을 전기 분해해 얻고, 삼중 수소는 핵융합로 안에서 리튬과 중성자를 반응시켜 얻어요. 다행히 지구 표면의 70퍼센트가 바닷물인 데다 리튬도 충분히 매장되어 있어요. 그러니까 핵융합 반응의 원료는 구하기 어렵지 않아요.

문제는 그다음이에요. 자연 상태로는 지구에 존재하지 않는 플라즈마 상태를 만들어야 하거든요. 수소의 원자핵끼리 융합시키려면 엄청나게 높은 온도가 필요해요. 핵융합이 일어나는 태양 중심의 온도는 약 1,500만 도지만 지구에서 플라즈마 상태를 만들려면 1억 도 이상의 온도가 되어야 해요.

인간의 체온은 36.5도, 물이 끓는 온도는 100도, 아주 무더워 혀를 길게 빼무는 날이라도 40도를 넘지 않아요. 그런데 1억 도의 온도라니요!

그리고 또 하나의 문제가 남았어요. 상상해 보세요. 1억 도가 넘는 초고온의 플라즈마와 핵융합 반응으로 나오는 에너지는 엄청나게 뜨거울 거예요. 깨지지 않고 안정적으로 플라즈마와 에너지를 가둬 둘 용기가 필요해요. 페트병은 뜨거운 물만 담아도 용기가 변형되는데, 1억 도의 핵융합 반응을 견디는 용기라니, 정말 상상하기도 어렵지요?

하지만 공학자들은 이 일을 해내고 있어요. 세계 여러 나라에서 다양한 방법으로 핵융합 반응을 일으킬 용기를 만들고 있지요. 그중 가장 유력한 핵융합 반응 용기는 바로 '토카막' 장치예요. 토카막은 속이 빈 도넛 모양이에요. 이 도넛 같은 장치에 자석과 같은 자기장을 만들어 주고, 플라즈마를 만들어요. 그러면 자기장 때문에 수소들은 밖으로 나가지 않고 꽈배기 모양으로 끊임없이 장치 안을 돌며 핵융합을 하지요.

이렇게 수소, 플라즈마, 토카막만 있으면 핵융합 발전을 할 수 있어요. 중수소와 삼중 수소를 플라즈마 상태로 가열하고, 토카막의 자기장으로 플라즈마를 영원히 뺑뺑 돌게 만드는 거예요. 이때 1억 도 이상으로 온도를 올리면 핵융합 반응이 일어나며 엄청난 에너지가 나와요. 그러면 인공 태양이 완성!

핵융합 에너지 발생 원리

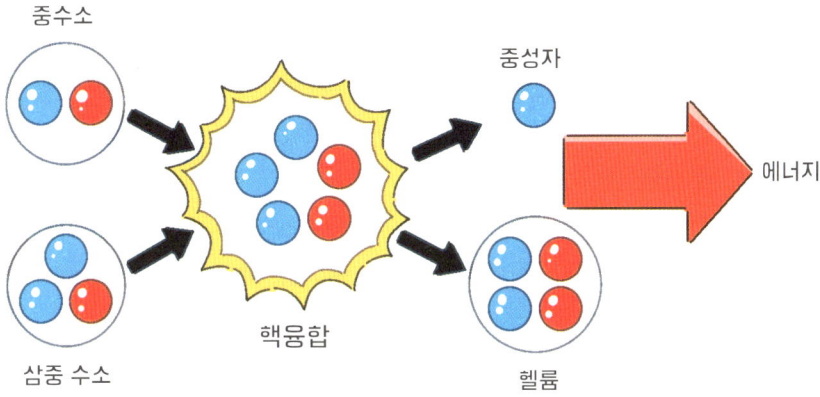

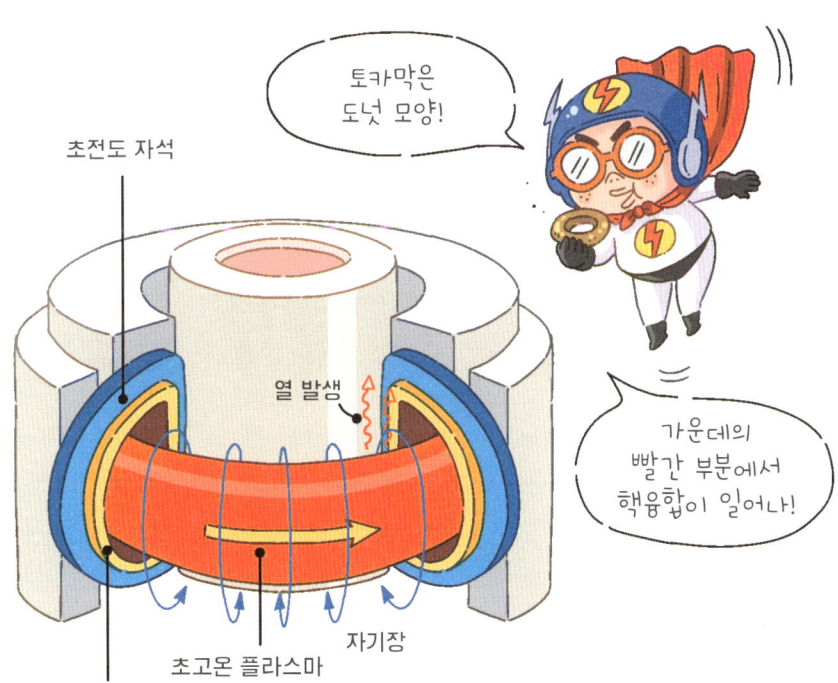

이제 인공 태양에서 나오는 열에너지로 증기를 만들고 터빈을 돌리면 전기를 생산할 수 있어요.

인공 태양 설계의 핵심은 바로 토카막이라 할 수 있어요. 이런 토카막이 우리나라에도 있다는 사실을 알고 있나요?

1995년부터 계획된 한국형 토카막인 'KSTAR(Korea Superconducting Tokamak Advanced Research)'예요.

KSTAR

2007년에 건설된 KSTAR는 시운전 중에 최초로 플라즈마 발생 실험이 성공한 이후 2018년에는 1억 도 1.5초 달성, 2020년에는 20초, 2021년에는 30초까지 플라즈마 상태를 유지했어요. 2026년에는 300초 동안 유지하는 것을 목표로 하고 있지요.

우리나라는 KSTAR 외에도 2005년부터 유럽 연합, 미국, 일본, 중국, 러시아, 인도와 함께 프랑스 남부 지방에서 'ITER(국제 핵융합 실험로)' 연구를 함께하고 있어요.

태양을 지구에 만드는 일, 상상이라고 생각했던 일이 한 단계 한 단계 쌓여 새로운 역사를 만들고 있어요. 어때요, 공학의 세계가 정말 흥미진진하지 않나요?

**상상을 현실로 만드는
과학자와 공학자가 있는 한
에너지 문제는 걱정 없어요.**

내일도 지속 가능한 지구

인류가 화석 연료로 산업 활동을 시작하고 최근 200년 동안 지구 환경은 급격히 변했어요. 그리고 이제 지구는 더 이상 손쓸 수 없는 지경인 운명의 날을 100초 남겨 두고 있어요. 어쩌면 우리 다음 세대는 푸르른 숲과 깨끗한 공기, 맑은 물이 흐르는 지구에서 마음껏 뛰놀지 못할 수도 있어요. 지금이 다음 세대의 생명이 앞으로도 계속 지구에서 살아가게 할 수 있는 마지막 기회랍니다.

다행히 새로운 과학 기술로 무장한 과학자와 공학자들이 이 위기를 해결하기 위해 노력 중이에요. 에너지 효율이 높은 원자력 에너지를 더 안전하게 쓸 방법을 개발하고 있고, 태양 에너지를 비롯한 신재생 에너지의 효율도 높이고 있어요. 지구에서 인공 태양이 타오르게 하는 방법과 우주에서 직접 전기를 만드는 방법, 에너지를 최대한 아끼는 기술도 급격히 발전시키고 있지요.

다행히 세계 각국의 정치인과 시민 모두가 지금 당장 지구의 문제를 바로잡지 않으면 안 된다고 생각해요. 아직 기회가 있어요. 내일도 지속될 지구를 위해 우리가 할 수 있는 것을 할 때예요!

| 환경 탐정 뀨와 공학특공대 |

태양을 만들 수 있다면?

프랑스 남부에서 인공 태양이 떠오를 거라는 소문을 들었다뀨. 이게 대체 무슨 일이냐뀨?

프랑스 남부 카라다쉬 지역에 설치되고 있는 국제 핵융합 실험로 ITER(International Thermonuclear Experimental Reactor)을 말씀하시는군욧!

너무 어렵다뀨! 좀 더 쉽고 자세하게 설명해 달라뀨!

ITER은 한국, 미국, 러시아, 유럽 연합, 일본, 중국, 인도 등이 참여하는 사업입니닷! ITER은 라틴어로 '길'이라는 뜻의 '이터'로도 부르는데 '인류의 에너지 문제 해결의 길'을 뜻합니닷. 세계 여러 나라가 에너지 문제를 해결하기 위해 연대하는 역사상 가장 큰 규모의 국제 공동 연구 개발 사업이지요.

대단하다뀨. 거기서 우리나라는 어떤 역할을 하냐뀨?

토카막 조립 파트와 진공 용기 제작 파트 등 핵심 부서에 참여해 프로젝트를 이끌고 있습니닷!

오호. 그렇군. 그런데 ITER는 진짜 태양처럼 크냐뀨?

태양보다는 작습니닷. 축구장 60배 넓이의 땅에 에펠탑 세 개와 동일한 무게 장치를 건설 중입니닷. 플라즈마를 가두기 위해 개당 무게가 약 360톤인 TF자석을 열여덟 개나 쓴다고 합니닷. 2024년 완공을 목표로 열심히 연구 중입니닷.

우리나라에도 KSTAR가 있다뀨! 어쩌면 우리나라에서도 새 태양이 떠오를지 모른다뀨. 기대해 보자뀨!